育ちに合わせて楽しくあそべる季節と行事の製作

「あそびと環境 0.1.2 歳」編集部・リボングラス／編著

この本は『あそびと環境 0.1.2 歳』2014 年 2 月号から 2021 年 2 月号までの連載に改訂を加えて再構成したものです。

Gakken

もくじ

	0歳児	1歳児	2歳児	手指で色をつける	フラワー紙あそび	スタンプ・たんぽ	シール・テープはり	のりではる	両面テープではる	跡をつける	クレヨンで描く	フェルトペンで描く	絵の具あそび	詰める・入れる	破る・裂く	紙を触る・丸める	紙粘土あそび	ひも通し・毛糸巻き	にじみ絵・染紙	はさみの1回切り
43 スポンジでカラフルにスタンプ つみつみアイスクリーム		●	●			●	●						●							
44 丸シールをはって楽しむ つぶつぶアイスキャンディー			●				●				●									
45 絵の具を手指で塗って カラフルジュース	●	●	●	●									●							
46 スタンプで模様をつける まんまるテントウムシ		●	●			●	●						●							
47 ふーっと吹いて絵の具を散らす 吹き絵花火			●										●							
8月																				
48 寒天を触って感触を楽しむ ふるふるフィッシュ	●	●	●				●							●						
49 水に溶かしたフラワー紙であそぼう カラフルお魚さん	●	●			●		●													
50 シールやマスキングテープをはる シースルーフィッシュ		●	●				●													
51 ビニールテープをはる 紙パックのお魚さん		●	●				●				●									
52 いろいろな素材に触ってみよう くしゅくしゅトンボ	●	●	●				●									●				
53 本物の木の葉に触ろう 葉っぱの羽のセミ		●	●				●		●											
54 ボン天のスタンプを押して さんさんヒマワリ	●	●				●							●							
55 ひもを通して作ろう 元気いっぱいヒマワリ			●					●										●		
9月																				
56 くっつくかな? はるを楽しむ お月見だんご	●	●							●											
57 サツマイモスタンプを押してみよう! ころころおだんご		●	●			●	●	●					●							
58 指を使って絵の具をつけよう つぶつぶブドウ	●	●		●									●							
59 はじき絵で作ろう ぐるぐるブドウ			●					●			●		●							
60 紙粘土の型抜きに挑戦 とげとげいがグリ			●					●			●						●			
61 いろいろな野菜でスタンプ お散歩バッグ		●	●			●							●							
62 ネット緩衝材のスタンプとシールはりを楽しむ ぺたぺたキノコ		●	●			●	●						●							
63 マスキングテープをはって カラフル模様のキノコ		●	●				●								●					
10月																				
64 しわをつけた色画用紙に描く ごろごろサツマイモ		●	●									●				●				
65 丸めた新聞紙に絵の具を塗って 大きなサツマイモ			●										●			●				
66 いろいろな色をたんぽで押す 紅葉の木	●	●	●			●							●							
67 落ち葉に触ってみよう 葉っぱの窓飾り	●	●	●						●											
68 デカルコマニーで作ろう 対称形がおもしろい紅葉の木			●					●					●							
69 マスキングテープで押し葉をはる おしゃれな紅葉の木			●				●					●								
70 紙粘土に落ち葉や枝をさして 秋のオブジェ		●	●										●				●			
71 絵の具にふれてあそぶ ハロウィン飾り	●	●		●									●							
72 シールはりとクレヨン描きを楽しむ おばけバッグ			●				●				●									
73 毛糸を穴に通してあそぶ ハロウィンのクモの巣			●				●											●		
11月																				
74 袋に落ち葉を詰めて カサカサミノムシ	●	●	●											●						
75 毛糸を巻いてあそぶ 巻き巻きミノムシ			●								●							●		
76 マツカサに紙粘土を付けて ゆ〜らりミノムシ			●									●					●			
77 スポンジのスタンプを楽しむ 鮮やかリンゴ	●	●				●							●							

	0歳児	1歳児	2歳児	手指で色をつける	フラワー紙あそび	スタンプ・たんぽ	シール・テープはり	のりではる	両面テープではる	跡をつける	クレヨンで描く	フェルトペンで描く	絵の具あそび	詰める・入れる	破る・裂く	紙を触る・丸める	紙粘土あそび	ひも通し・毛糸巻き	にじみ絵・染紙	はさみの1回切り
78 毛糸をのりではろう もこもこリンゴ		●	●					●												
79 ローラーを使って絵の具あそび つめつめリンゴ			●										●	●	●	●				
12月																				
80 毛糸や羊毛を袋に詰めて ふわふわ飾り	●	●	●											●						
81 毛糸を巻いたり、ほどいたり カラフル糸巻き		●	●															●		
82 色紙をのりではり重ねる ビビッドカラーのポインセチア		●	●				●	●												
83 ポリ袋を輪にしてシールはりを楽しむ クリスマスリース		●	●				●													
84 ペットボトルを振って色をつける シャカシャカツリー	●	●	●										●							
85 紙カップにちぎった色紙をはる はりはりオーナメント			●				●	●							●					
1月																				
86 シールはりと糸巻きを楽しむ くるくるこま			●				●											●		
87 きらきらのテープをはる 雪の結晶こま			●				●				●									
88 柔らかなクッキングペーパーに触る ふわふわ雪だるま	●													●	●	●				
89 紙粘土を色画用紙にくっつける こねこね雪だるま		●	●				●	●									●			
90 紙粘土を触って握って ツバキの花	●	●	●										●			●	●			
91 紙皿に丸めたフラワー紙をはって ツバキの壁飾り		●	●		●		●	●			●					●				
92 たんぽ押しを楽しむ おにの帽子	●	●	●			●							●							
93 フラワー紙を丸めてはる おにの角お面	●	●	●		●		●	●	●							●				
94 ネット緩衝材のスタンプを押す ぺったん豆入れ		●	●			●	●				●		●							
95 綿棒を使って描く おにさん豆入れ			●					●				●	●							
2月																				
96 色紙や色画用紙を丸めたり、破いたりしてはる くしゅくしゅヒヤシンス		●	●					●	●						●	●				
97 紙テープを切ってはる パチンとヒヤシンス			●				●	●												●
98 紙粘土をこねて ぎゅぎゅっとヒツジさん	●	●	●														●			
99 片段ボールに毛糸を巻き付けて あったかヒツジさん			●				●											●		
100 ペットボトルを振って色水を作る 振り振りおひなさま	●	●	●				●						●							
101 ぬらした画用紙に絵の具をつける にじみ模様のおひなさま	●	●	●										●						●	
102 紙粘土と絵の具を混ぜる マーブル模様のおひなさま	●	●	●										●				●			
103 絵の具を塗って 小石のおひなさま		●	●				●				●		●							
3月																				
104 ペットボトルに色紙を詰める 詰め紙ツクシ	●	●	●											●		●				
105 毛糸を通して 糸通しツクシ			●				●											●		
106 紙粘土を押して色を塗る うきうき菜の花			●							●	●		●				●			
107 紙をはさみで切って、のりではる チョッキン菜の花			●					●												●
108 手形を押す 手のひらチューリップ	●	●	●	●									●							
109 紙カップに破いた色画用紙をはる ひらひらチューリップ			●					●							●	●				
110 油こし紙を丸めて染める ふんわりサクラ		●	●										●			●			●	
111 紙粘土と絵の具を混ぜて紙に載せてはる サクラ満開			●					●					●				●			

あそびにあたっては、素材の誤飲や、ひもの引っ掛かりなどがないよう、安全に留意して見守りながらあそんでください。

この本の使い方

慣れ具合や個人差など、子どもによって楽しい活動や、やりたいことが違います。同じ作り方や、やり方でなくても大丈夫。作り方や、「実践のhint!」を参考にして、子どもに合わせていろいろ工夫してあそんでください。

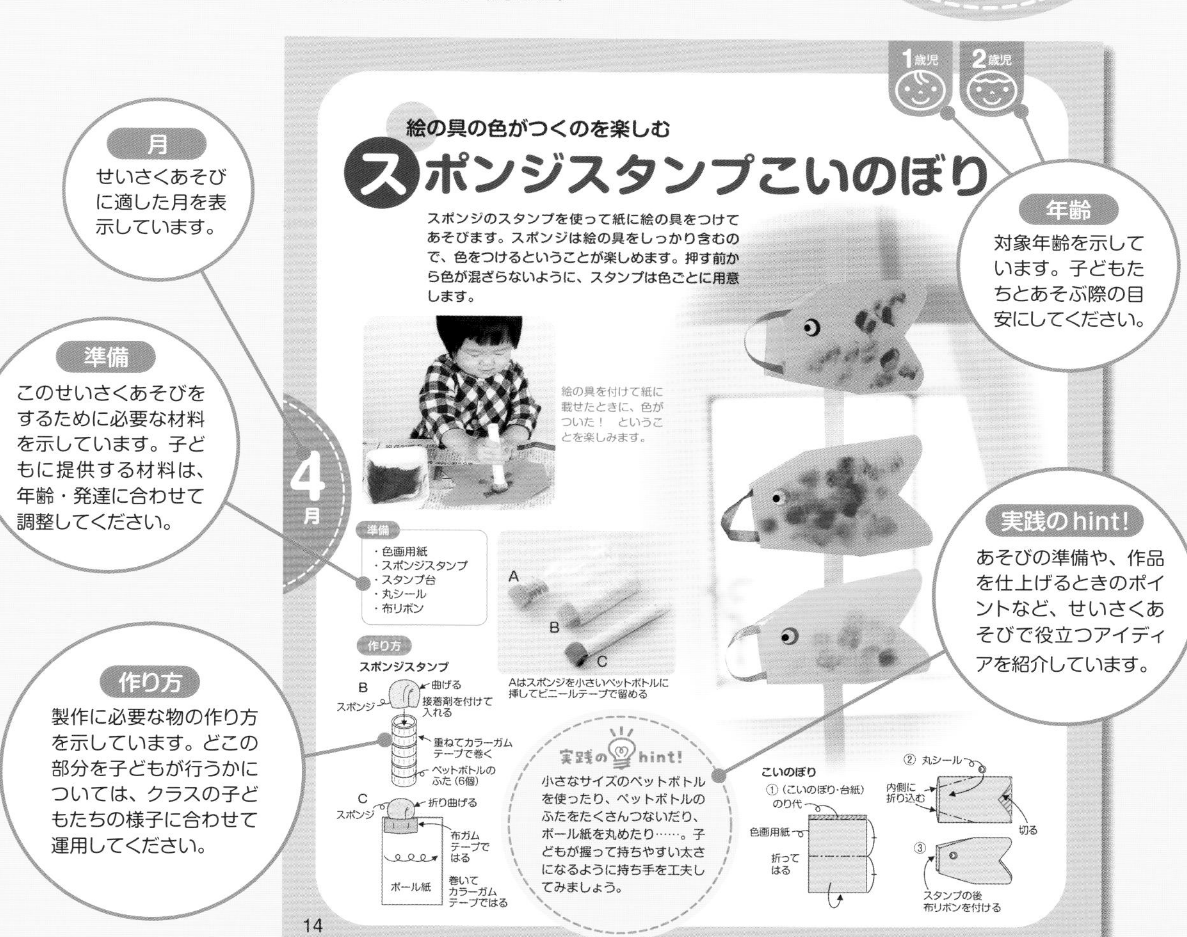

SDGs 身近な取り組みとして

　この本で紹介したせいさくあそびのアイディアでは、子どもたちがあそびで使用する材料も、SDGsにつながる視点で精査しました。ペットボトルやスチレントレーといった石油由来の製品は、できるだけ使用を減らし、使う場合は何度も繰り返しリユースするようにしましょう。使えなくなって捨てるときにはきちんと分別することも大切です。

SDGsとは Sustainable Development Goalsの略で持続可能な開発目標のことをいいます。2030年までに達成することを目指した国際目標です。17の目標と、169の具体目標で構成されています。

素材の使い方・生かし方

0·1·2 歳児のあそびでよく使う素材をピックアップ。
基本的な使い方や、知っておくと便利な
準備のポイントなどをまとめました。

色画用紙・模造紙

A= 色画用紙
B= 模造紙
C= ロール画用紙

- 白い画用紙は最も一般的な描画用紙です。いろいろな描画材で描いたり、塗ったりすることができます。
- 色画用紙は、描画用紙として色を効果的に使ったり、はり絵や工作など、いろいろな用途で活躍します。
- 模造紙は表面が滑らかで、ややつやのある薄手の紙です。全紙大（79×109cm）の大きな紙で薄い色味の物が多く、水をはじく性質もあります。

紙の性質を知ろう

色画用紙、模造紙に限らず、紙には横目と縦目があります。手で破いてみて、比較的まっすぐに裂ける方向が縦目で、ぎざぎざに曲がって裂ける方向が横目です。

縦目に沿って紙を折ったり、丸めたりするのは作業がしやすく、仕上がりがきれいですが、横目に沿った場合は、折り筋がきれいに折れなかったり、丸めにくかったりします。しかし、2つ折りにして紙を立たせるなどの場合は、横目に沿って折ると丈夫にしっかりと立ちます。

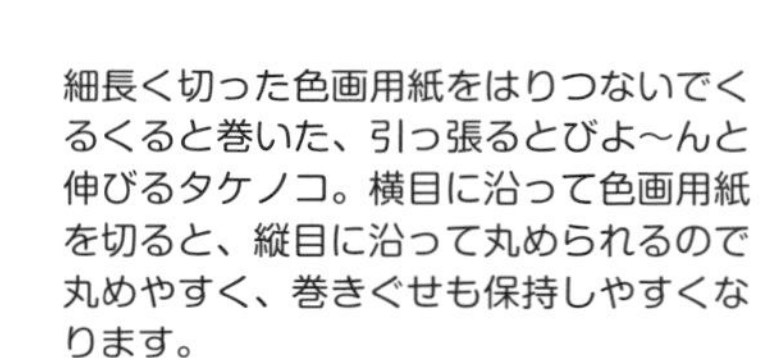

細長く切った色画用紙をはりつないでくるくると巻いた、引っ張るとびよ～んと伸びるタケノコ。横目に沿って色画用紙を切ると、縦目に沿って丸められるので丸めやすく、巻きぐせも保持しやすくなります。

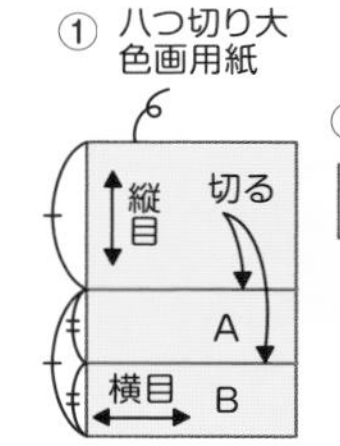

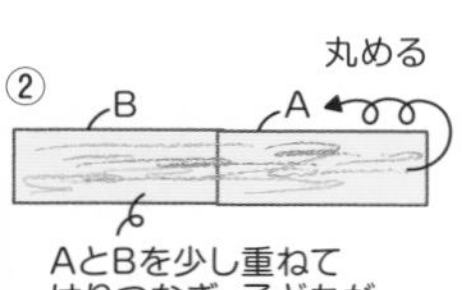

丸く切った色画用紙を2つ折りにした、ゆらゆらと揺れるのが楽しいスイカ。横目に沿って折っているので紙がへたらずしっかりと立ち、丈夫です。

フラワー紙

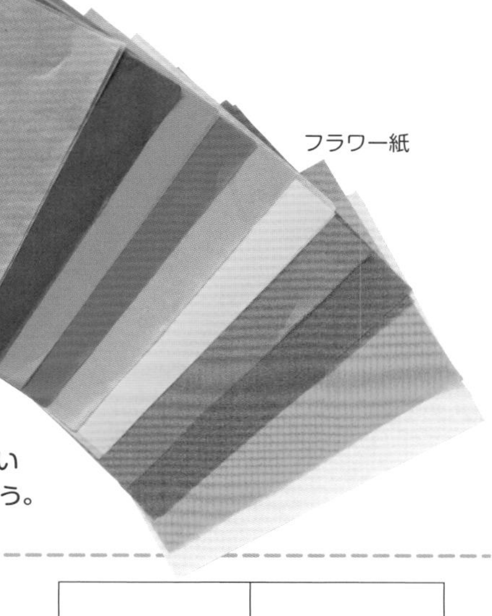

- お花紙とも呼ばれます。いろいろな色があり、さまざまなあそびに使えて便利です。
- 柔らかい手触りで、子どもが触って感触を楽しんだり、丸めたり、袋や容器に詰めたりするあそびにぴったりです。
- 薄く軽いので、顔の前にかざしても向こう側が透けて見えます。「いないいない ばあ」をしたり、投げ上げてふわふわと飛ばしても楽しいでしょう。

あそびに合わせて大きさを変えて用意します

ふわふわと飛ばしたり、丸めたり、詰めたりと、出番の多いフラワー紙ですが、そのときどきのあそびや子どもの様子に合わせて、大きさを変えて準備するといいでしょう。

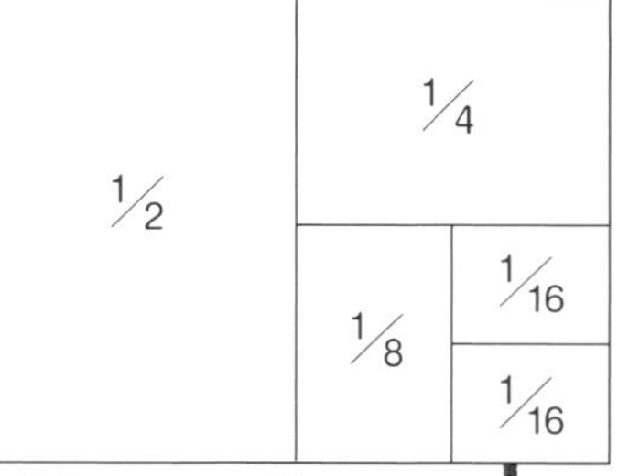

縦約 19.5cm× 横約 25cm

1 枚をそのまま使って

顔の前にかざしたり、飛ばしたり、破いたりしてあそびます。十分に楽しんだら、透明なポリ袋に詰め、口をねじって留めて魚に仕立てました。

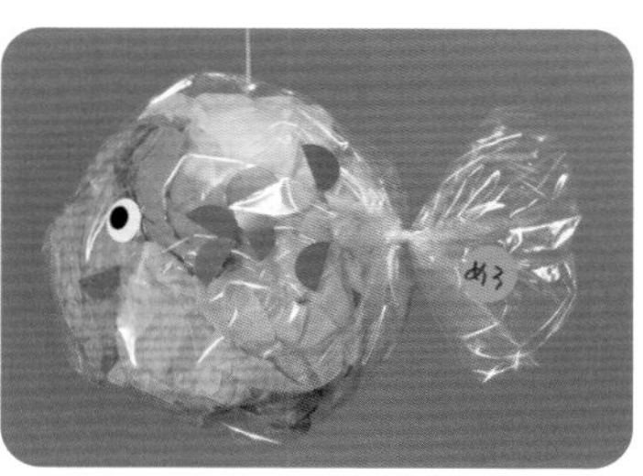

1/4〜1/8 に切って

ペットボトルなど口が小さな物に詰める場合は、1/4〜1/8 サイズくらいに小さく切って用意すると、子どもが指で押し込みやすいでしょう。

半分の大きさで

透明容器や小さなポリ袋に入れる場合は、半分の大きさに切っておくと、入れ物がすぐにいっぱいにならずに、楽しめます。

もっと小さく切って

フラワー紙を台紙にはってあそぶなどの場合は、小さく切っておくと扱いやすいでしょう。水で溶いたのりをスポンジに含ませ、画用紙に載せたフラワー紙の上から軽く押さえてはり付ける手法は、フラワー紙の重なりがきれいです。

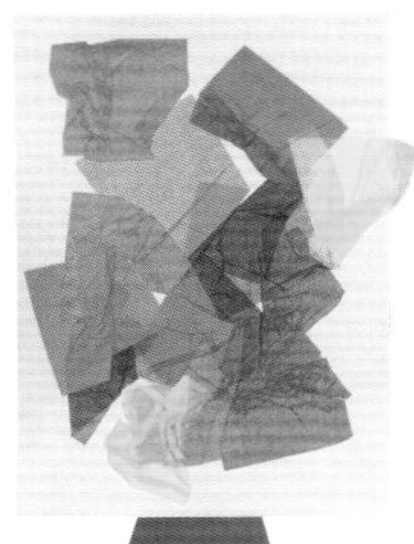

段ボール・工作紙

A= 段ボール板
B= 段ボール箱
C・D= 片段ボール
E= カラー工作紙

- 段ボール板は、紙と紙の間に波形の中芯を挟んではり合わせた厚い紙。段ボール板を折って作った箱が段ボール箱です。
- 片段ボールは、片面が波形に凸凹している段ボールで、紙の厚さや凸凹の大小などの種類や色もいろいろあります。いずれも丸めるなどがしやすく、凸凹の形状を利用したおもしろい製作が楽しめます。
- 工作紙は、表はつるつるとした面で、裏は灰色のボール紙に方眼が印刷してある、工作用の厚紙です。つるつるとした面は、さまざまな色の物があります。

切り口をスタンプに生かす

段ボール板や片段ボールの切り口の波形を利用してスタンプに使ってみましょう。折り畳んだり、丸めたりして持ちやすい大きさにしてから絵の具をつけて押すと、おもしろいスタンプになります。

段ボール板を折るようにして巻いたスタンプを画用紙に押して、トウモロコシに見立てました。

片段ボールを丸めたスタンプを花に見立てます。色画用紙にはったレースペーパーに押して花束にしました。

描き心地の違いを楽しもう！

片段ボールの色や凸凹を生かしてクレヨンで描くと、画用紙に描くのとはまた違った発色や描き心地を楽しむことができます。

片段ボールにクレヨンで描いて、カラー工作紙の台紙にはって羽子板にしました。

ひも通しの台紙に

工作紙は厚さがあって丈夫なのでひも通しの台紙にも活躍します。2枚重ねたり、紙の目の向きに注意したりするとより丈夫に、ひもを引っ張ってもゆがみにくい台紙になります。

カラー工作紙に開けた穴に、毛糸を通してツクシに（105ページでも紹介しています）。

粘着テープ

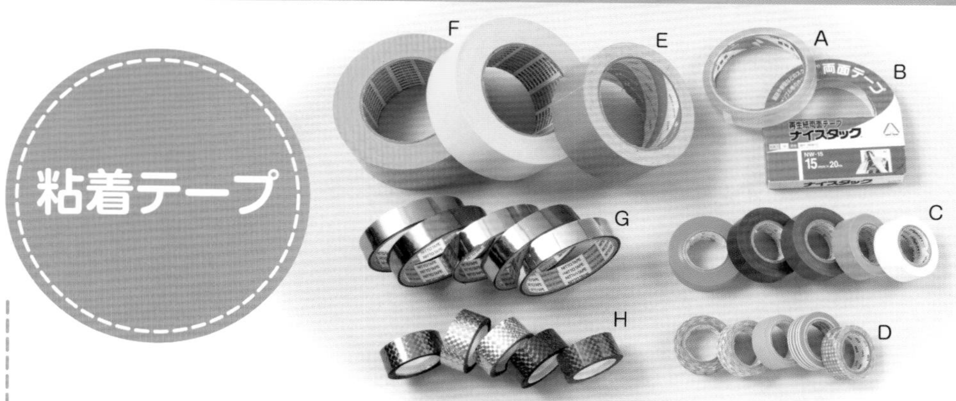

A= セロハンテープ
B= 両面テープ
C= ビニールテープ
D= マスキングテープ
E= 布ガムテープ
F= カラーガムテープ
G= ミラーテープ・のり付
H= ホログラムテープ

- いろいろな素材の接着に幅広く使えて、接着剤のように乾くまでの時間がいらない、便利な接着用品です。いろいろなテープがあるので、目的に応じて使い分けましょう。
- 長い間はっておくと、粘着剤が劣化して、はがれたり、べたべたしてきたりするので、半永久的な接着には不向きです。
- 光に弱いので、保管の際は日の当たらない、涼しい場所に置くようにしましょう。

シール感覚で装飾に使う

いろいろな柄のあるマスキングテープ、きらきら素材のミラーテープやホログラムテープ、カラフルなビニールテープは、接着はもちろん作品を飾るのにも使える便利なテープです。

厚手で指でつまみやすいビニールテープは、子どもにも扱いやすいテープです。色もたくさんあるので、空き箱や紙パックの装飾に。

ビニールテープは缶のふたなどに十分に引っ張って伸ばした状態ではり、カッターで切り込みを入れます。テープが縮んで間が空き、はがしやすくなります。

マスキングテープは、はったり、はがしたりができる楽しいテープです。画用紙にマスキングテープはりを楽しみ、カラフルなこいのぼりに（17ページでも紹介しています）。

マスキングテープは、紙パックの１面に両端がはみ出すようにはり、はさみで半分に切って用意します。

適当なサイズに切ったミラーテープ・のり付やホログラムテープを、カラー工作紙のサンマにはってきらきら感をアップ。

薄いテープ類は、プラスチックの皿などを伏せ、底にはって用意すると使いやすいでしょう。

りく

両面テープをのりの代わりに

両面テープは、はくり紙をはがすだけで接着ができるので、小さな子どものせいさくあそびには、のりの代わりに便利に使えます。

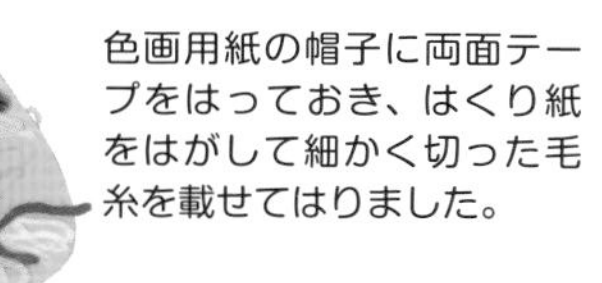

色画用紙の帽子に両面テープをはっておき、はくり紙をはがして細かく切った毛糸を載せてはりました。

紙パック

B

A

A＝1000ml
B=500ml

- ラミネート加工といって、表面・中面ともポリエチレンで覆われているので、とても丈夫で水にも強いのが特徴です。
- 1000ml、500ml、ミニサイズなど、サイズもさまざまな大きさがあります。
- 四角い形を生かしたり、たくさん組み合わせてあそんだりできます。水に強いので、水あそびに利用してもいいでしょう。
- 接着にはビニールテープやガムテープなどの接着剤を使うといいでしょう。着色にはクレヨンや油性フェルトペンが向いています。

※アレルギーのある子がいる場合は、使用には十分注意してください。

内側の白地を生かして

紙パックの内側の印刷がされていない白い面を生かしてあそびましょう。クレヨンで描いたり、ビニールテープやガムテープなどをはって飾ります。

紙パックを切って、内側の白を生かしたシロクマ。顔や耳は丸シールで、洋服はビニールテープをはりました。

切り開いて鬼のお面に。クレヨンで好きな色に塗っています。目は切り抜いて、カラーセロハンをはって色眼鏡にしました。

水あそびのおもちゃに

水に強い紙パックは、水あそびにも活躍します。切り開いて形に切ったり、船を作ったりして、水に浮かべるおもちゃにしました。

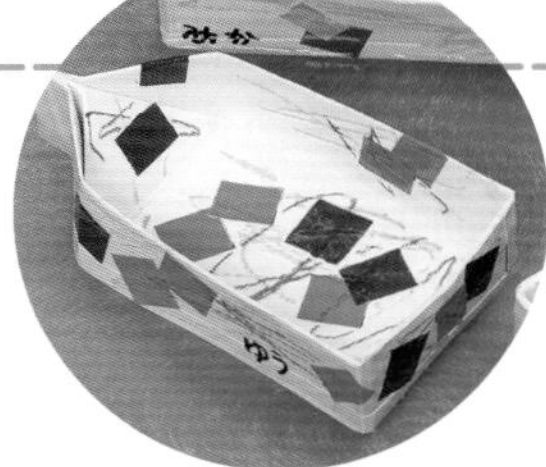

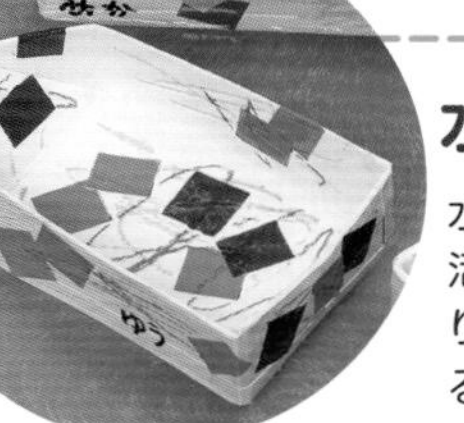

紙パックで作った船にクレヨンで描いたり、水に強いビニールテープをはったりして飾ります。

魚やタコ、カニなどの形に切った紙パックに好きな色を塗って、水に浮かべてあそびます。

コーティングをはがして

紙パックの表面に施されている印刷や、耐水性のコーティング部分をはがして、出てきた白い紙であそんでみましょう。コーティングされているときとは違う風合いやおもしろさがあります。

コーティングをはがして出てきた白い紙面に、水性フェルトペンで描いて筆で水をたらすと、にじみ絵が楽しめます。

●紙製のカップにはさまざまな大きさや色、柄があります。いずれも耐水処理がしてあり、はさみで簡単に切れ、加工しやすいのが特徴です。
●接着はセロハンテープやビニールテープ、ガムテープが便利です。
●着色はクレヨンがよく描けますが、濃度の濃い絵の具や、水性フェルトペンで描ける物もあります。

絵の具で着色

白い紙カップに筆や指、スポンジを使って色をつけてあそびましょう。水を加えずにそのまま、もしくは濃いめに溶いた絵の具を使います。

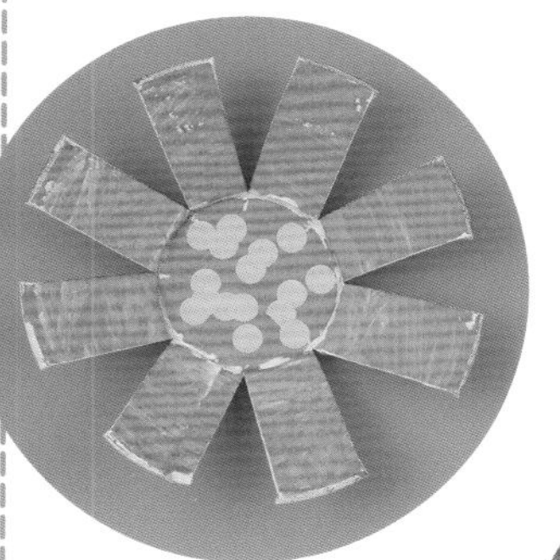

カップの中に絵の具を少量入れて、筆で塗ります。絵の具が乾いたら切り開いて丸シールをはってコスモスに見立てました。

絵の具をつけた手や指で紙コップを触って、絵の具がつくのを楽しんだブドウ（58ページでも紹介しています）。

切り込みを入れて足を折り広げてタコに。絵の具をつけたスポンジでタコに色をつけてあそびました。絵の具が乾いたら丸シールの吸盤もはって。

形を生かして

紙カップの形を生かしてあそびます。あそびに適した大きさの物を選ぶのがポイントです。はさみで簡単に切れるので、高さを調節して使ってもいいですね。

2つの紙カップを組み合わせて豆入れに。頭にした紙カップは、口の部分を切って高さを低くし、体の紙カップにかぶせています。布リボンを通した頭を上下にスライドさせて開け閉めできます。

絵の具を練り込んだ紙粘土を詰めて、木の実や小枝をさします。自然物のカップケーキになりました。

4月

子どもたちの日々のあそびを、こいのぼりやチョウチョウ、イチゴなど、この季節にぴったりの作品にしました。素材とのはじめての出合いも大切にできるといいですね。

シャカシャカこいのぼり

セロハンは、カラフルで透明感があるところや、触ったときのシャカシャカという音が子どもたちの心をとらえます。たくさんあそんでくしゃくしゃになったセロハンを透明のポリ袋に入れ、丸シールをはってこいのぼりに。窓にはって飾ると、透過した光が作るカラフルな影も保育室を彩ります。

- 2色のセロハンを入れると、光を透過したときの混色を楽しめます。
- 0歳児なら、セロハンをポリ袋から出し入れするあそびも楽しいでしょう。

セロハンを目に当ててみたら、世界の色が変わった！ そんな気づきも。

・セロハン　・透明のポリ袋
・丸シール

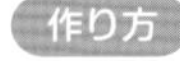

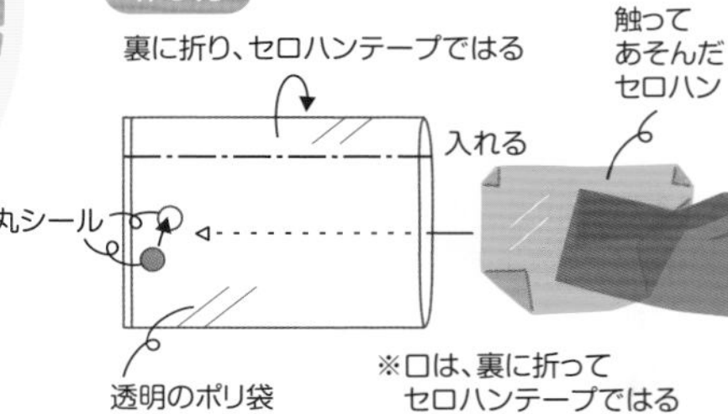

柔らかな気泡緩衝材のバーで絵の具あそび

プチプチこいのぼり

紙をたたいたり、こすったり、転がして模様をつけたり……気泡緩衝材の柔らかさを生かした持ちやすいバーは、どこを使っても色がつくので、楽しくあそべます。あそんだ後の色画用紙をこいのぼりにしましょう。

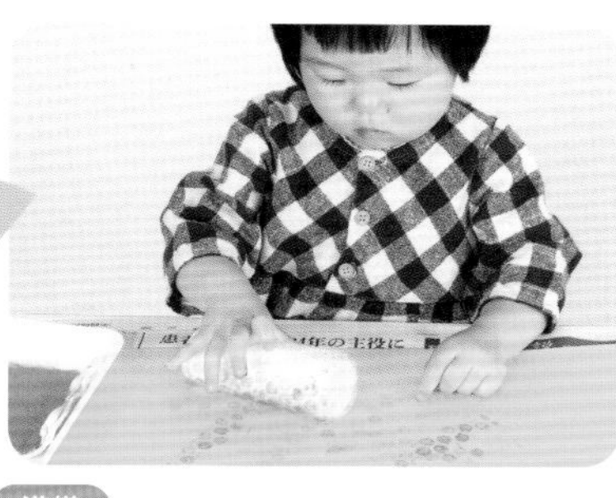

柔らかいバーはいろいろな押し方が楽しめます。

紙の上を転がしてみました。模様がたくさん！

準備

- バー
- 色画用紙
- スタンプ台
- 丸シール
- 広告紙
- 綿ロープ

作り方

バー

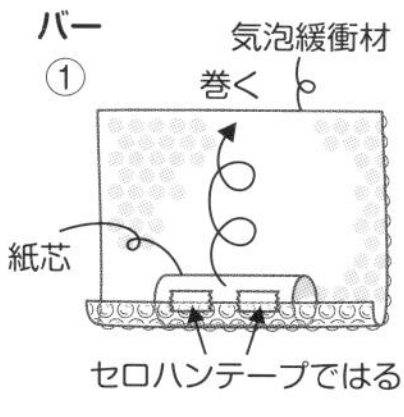

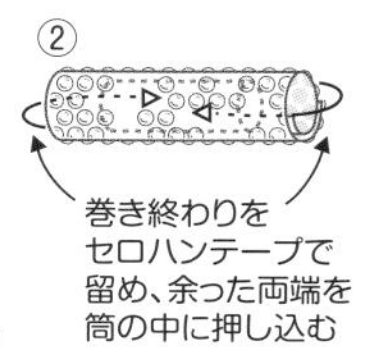

こいのぼり

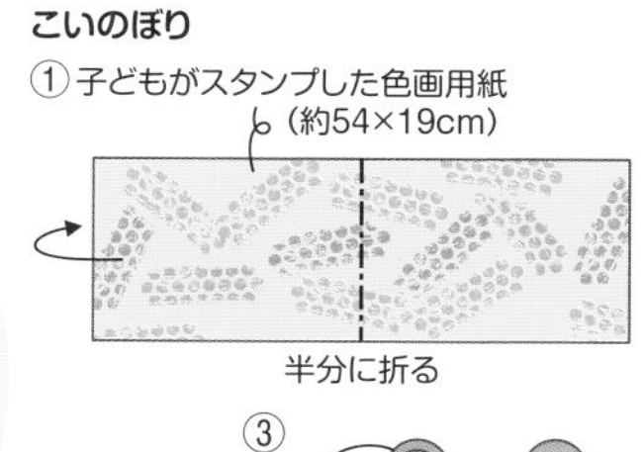

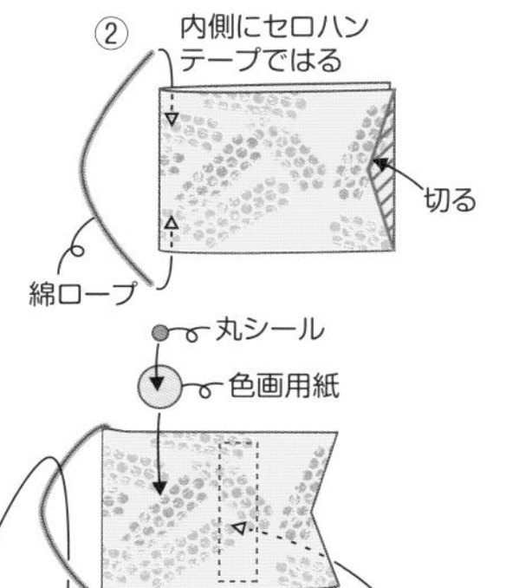

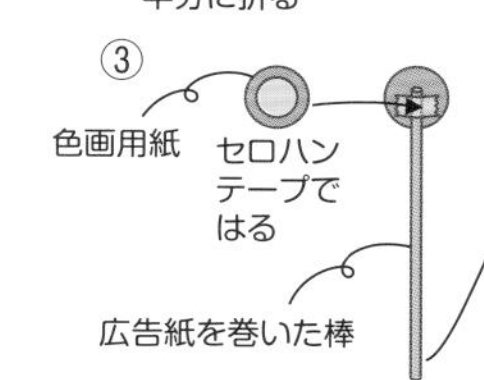

実践のhint!

紙を巻いた棒の持ち手を付けて持ちやすくしました。自分のこいのぼりを持ち帰るのがうれしくなります。

4月

1歳児 2歳児

絵の具の色がつくのを楽しむ

スポンジスタンプこいのぼり

スポンジのスタンプを使ってあそびます。スポンジは絵の具をしっかり含むので、色をつけるということが楽しめます。押す前に色が混ざらないように、スタンプは色ごとに用意します。

絵の具をつけて紙に載せたときに、色がついた！　ということを楽しみます。

4月

準備

- 色画用紙
- スポンジスタンプ
- スタンプ台
- 丸シール
- 布リボン

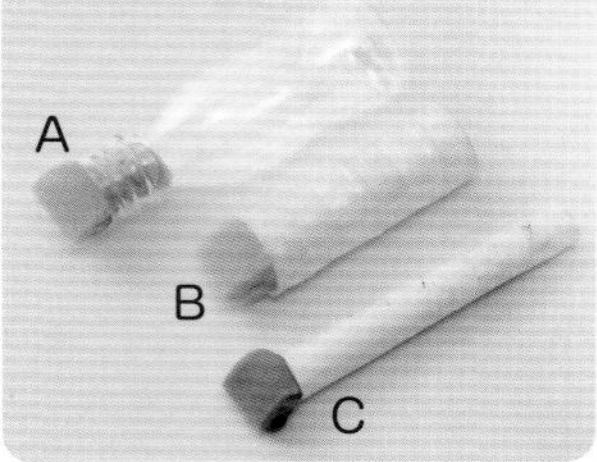

Aはスポンジを小さいサイズのペットボトルにさしてビニールテープで留める

作り方

スポンジスタンプ

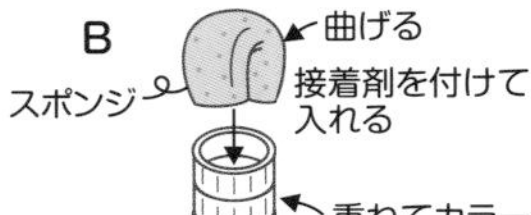

実践のhint!

小さいサイズのペットボトルを使ったり、ペットボトルのふたをたくさんつないだり、ボール紙を丸めたり……。子どもが握って持ちやすい太さになるように持ち手を工夫してみましょう。

こいのぼり

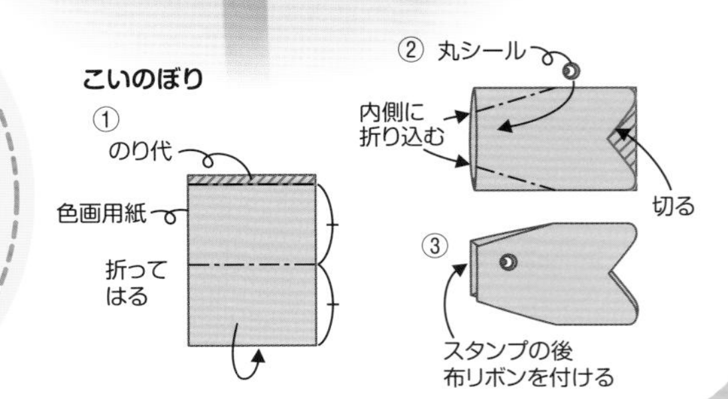

たんぽ押しを楽しむ

ぽんぽんこいのぼり

色画用紙にたんぽを押してあそびましょう。ぽんと押すと丸い形が写って、かわいい水玉模様が出来上がります。たんぽは色の数だけ用意しましょう。色画用紙や絵の具の色は、子どもが好きな色を選べるようにできるといいですね。

4月

スタンプ台は大きめのスチレントレーに折り畳んだガーゼなどの布を置き、たっぷり絵の具を含ませておきましょう。子どもが押す前に、保育者がたんぽに絵の具をなじませておくと押しやすくなります。

スタンプ台でぽんぽんしてから、色画用紙にぺったん！

準備

・色画用紙　・たんぽ
・スタンプ台　・丸シール

作り方

たんぽ

① ペットボトルのふた4個をビニールテープを巻いてつないだ物

2つ折りにしたクッキングペーパー

両面テープではる

包む

2枚重ねのガーゼ

② ガーゼを折り込んでビニールテープを巻く

輪ゴムで留める

こいのぼり

約2.5cm幅の色画用紙を表裏にはる

約20cm

2つ折りにした色画用紙

約10cm

折り筋をつける

約3.5cm

切り取る

※絵の具が乾いたら丸シールや色画用紙で目をはる

セロハンをぎゅっと握って

透明カップのこいのぼり

セロハンをぎゅっと握って、カップにぽん。握ったときの感触や音を感じられるといいですね。透明カップの中で、セロハンが重なって混色するのも楽しめます。片方の手でカップを押さえて入れるのが難しい場合は、保育者がカップを持つ、テープでカップを固定するなどの工夫をしましょう。

4月

セロハンを丸めたときのシャカシャカする音や、ぎゅっと握ると、じんわりと戻ってくるような弾力のある感触を楽しみます。

準備

- セロハン
- 透明カップ
- 丸シール
- リリヤン

作り方

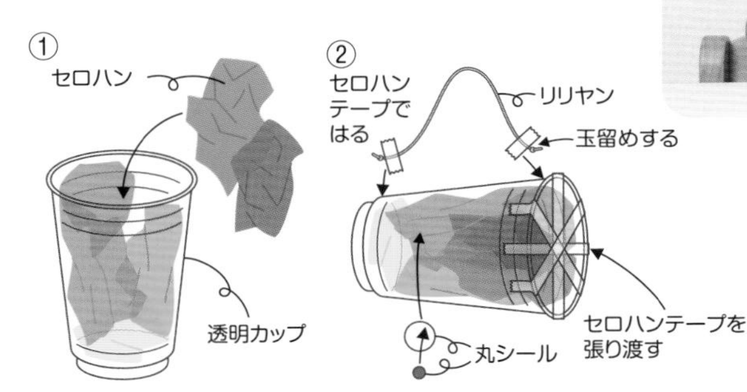

実践のhint!

- セロハンは、重なって混色が楽しめるように数色用意しましょう。
- こいのぼりに見立てて丸シールの目をはり、保育室に泳がせましょう。窓辺などに飾ると、光を透過してきれいです。

マスキングテープをはって

こいのぼりガーランド

こいのぼりの形に切った色画用紙に、マスキングテープをはってあそびましょう。マスキングテープは、一度はってもはがしやすいテープなので、はったりはがしたりが何度も楽しめます。みんなのこいのぼりにひもを通して、ガーランド風に保育室に飾りましょう。

準備

- 色画用紙
- マスキングテープ
- 丸シール
- ビニールテープ
- リリヤン
- 竹ぐし

作り方

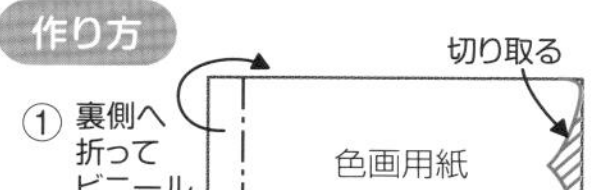

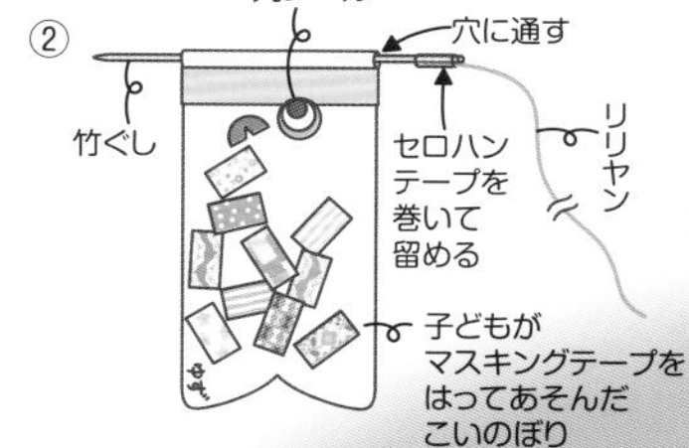

マスキングテープは薄い素材なので、よれたり、丸まったりもしますが、それも楽しい模様になります。重ねてはっても、下の模様が透けておもしろいでしょう。

実践の hint!

マスキングテープで子どもがあそぶときは、紙パックなどを台紙に使い、テープの端が少し出るようにはって用意するといいですね（9ページで紹介しています）。色味を合わせたり、無地と柄のテープを混ぜてみたりすると、楽しいこいのぼりになりそうです。

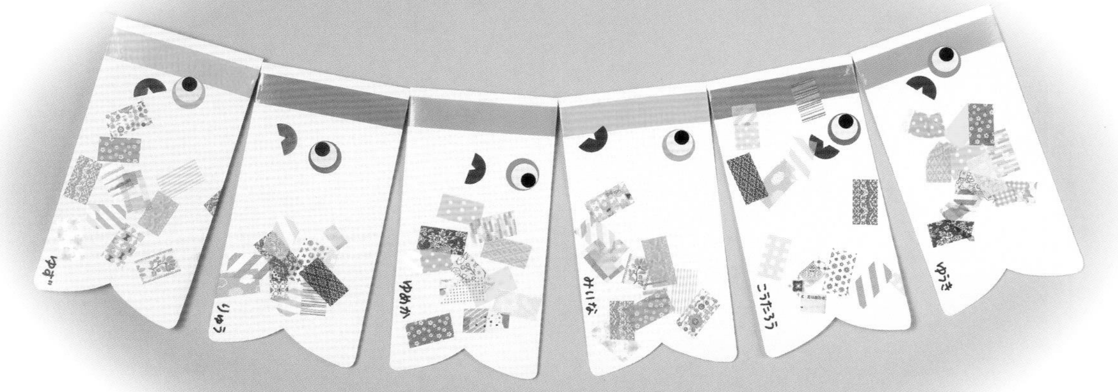

気泡緩衝材のスタンプであそぶ

水玉模様のチョウチョウ

気泡緩衝材のスタンプで、模様をつけてあそびます。ペタンとすると丸い模様がつくことに気づくと、どんどん押して楽しめそうです。たくさんの模様ができるといいですね。

4月

押したら色がつくことを楽しみましょう。

実践のhint!

子どもが好きな色を選べるように、チョウチョウの台紙は何色か用意します。出来上がったら、保育室につるすと、風を受けてゆらゆら揺れて楽しい飾りになります。

準備

・色画用紙　・スタンプ
・スタンプ台

作り方

チョウチョウ

※絵の具が乾いたら、色画用紙の触覚をはる

スタンプ

①

②

ひっかき模様が出てきたね

カラフルチョウチョウ

柔らかな素材のスチレントレーは、硬い物でひっかくと、簡単に跡がつきます。凸凹した上をクレヨンで色をつけると、ひっかいた跡が白く浮かび上がってすてきな模様に！　色画用紙の花にもクレヨンで色をつけて、描き心地の違いも感じられるかな。

実践のhint!

ひっかき棒は、先が少しとがった物を用意します。割りばしの先を削った物や、書けなくなったボールペン、粘土棒などを使ってもいいですね。ひっかき棒を使っているときはしっかり見守って。チョウチョウと花は、一緒につるして窓辺に飾りました。

4月

棒を使って描いたり、さすようにしてぽつぽつと穴を開けてみたり、柔らかなスチレントレーに凸凹跡をつけ、その上にクレヨンで色を塗ります。

準備

- スチレントレー
- ひっかき棒
- 色画用紙
- クレヨン
- リリヤン
- 布リボン
- 丸シール

作り方

チョウチョウと花のつるし飾り

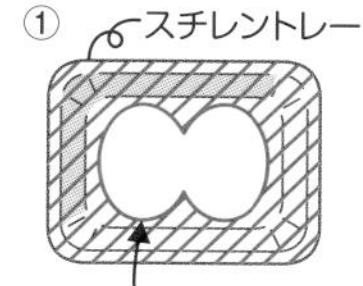

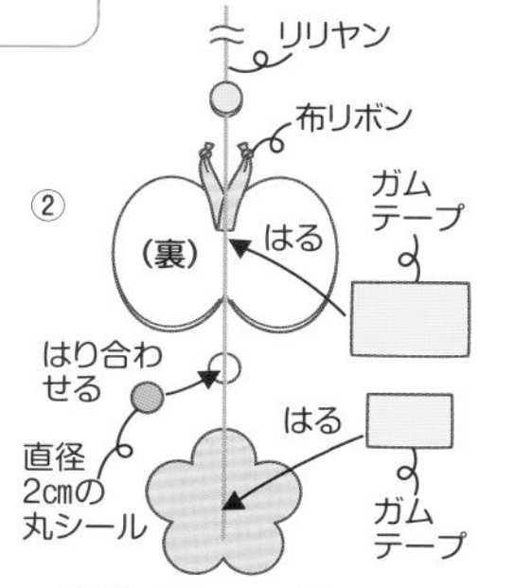

※子どもがあそんだ後、チョウチョウと花をリリヤンでつなぐ

ひっかき棒

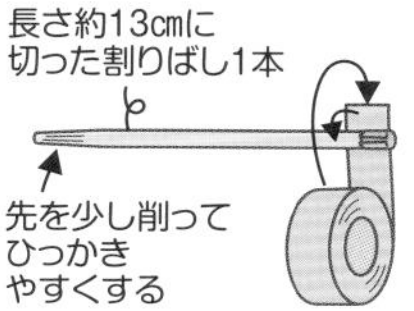

5月

イチゴにタンポポ、アオムシなど、子どもたちにもおなじみのモチーフを紹介します。はじめて触る物にそうっと手を伸ばしたり、触り心地を確かめたりする子どもたちの反応を、見逃さずに捉えたいですね。

指はんこで つぶつぶイチゴ

イチゴの形に切った色画用紙に、指はんこでつぶつぶをつけてあそびましょう。スタンプ台を触った手で色画用紙に触ると、色がつくことに気づき、たくさんのつぶつぶをつけて楽しめるといいですね。絵の具の代わりに米粉の指絵の具（35ページ参照）で活動してもいいでしょう。

準備

・色画用紙　・スタンプ台

床に紙を置いて、自由なスタイルで指はんこを楽しみます。

実践のhint!

濃いめに溶いた絵の具を、ガーゼやタオル地、クッキングペーパーなどに染み込ませてスチレントレーに載せたスタンプ台を用意します。

1歳児

コーヒーフィルターを絵の具に浸して

大好きイチゴ

コーヒーフィルターを絵の具に浸してじんわりと染まっていく様子を楽しみます。染めたフィルターを乾かしたら、ティッシュやフラワー紙などの柔らかい紙を詰めて、手触りの違いを感じてあそびましょう。

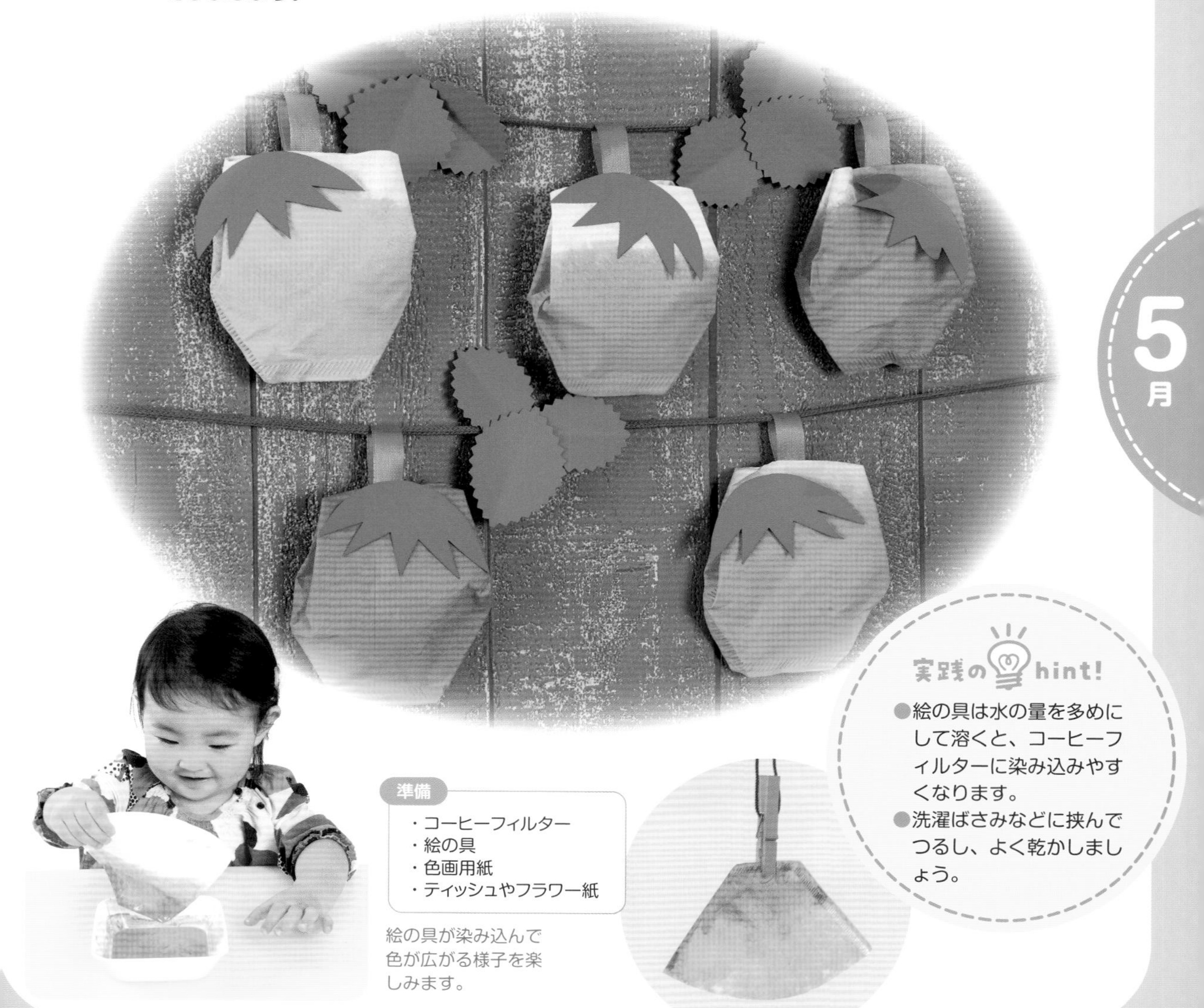

実践のhint!

- 絵の具は水の量を多めにして溶くと、コーヒーフィルターに染み込みやすくなります。
- 洗濯ばさみなどに挟んでつるし、よく乾かしましょう。

準備

- ・コーヒーフィルター
- ・絵の具
- ・色画用紙
- ・ティッシュやフラワー紙

絵の具が染み込んで色が広がる様子を楽しみます。

5月

跡をつけて浮き上がらせる

スチレントレーのイチゴ

ペットボトルの口やペンのキャップなど、硬い物をスチレントレーに押し付けて跡をつけて楽しみます。後から絵の具を塗ると……たくさんつけた跡が浮き上がって見えてくるのがわかるかな？ 破いた色画用紙のへたを付けました。

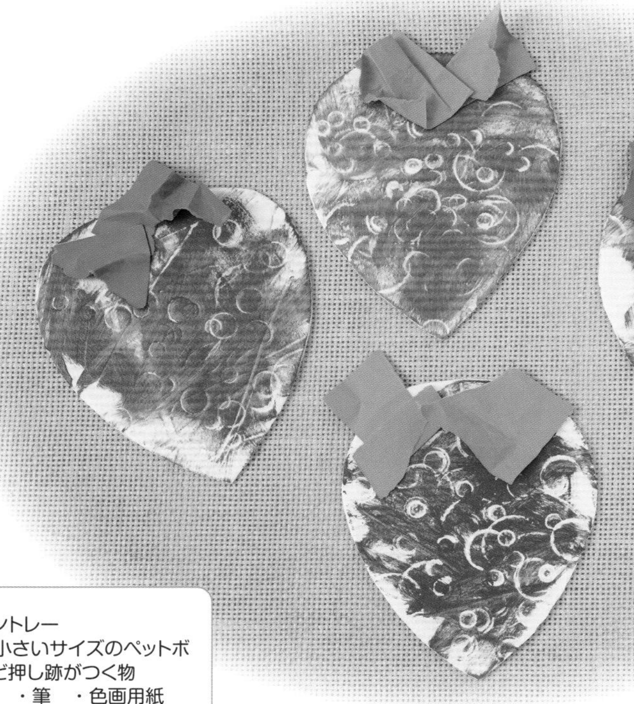

5月

準備

- スチレントレー
- ペンや小さいサイズのペットボトルなど押し跡がつく物
- 絵の具　・筆　・色画用紙

絵の具は水で溶かずにそのまま使うと、スチレントレーに塗りやすくなります。太めの筆で色を塗りましょう。

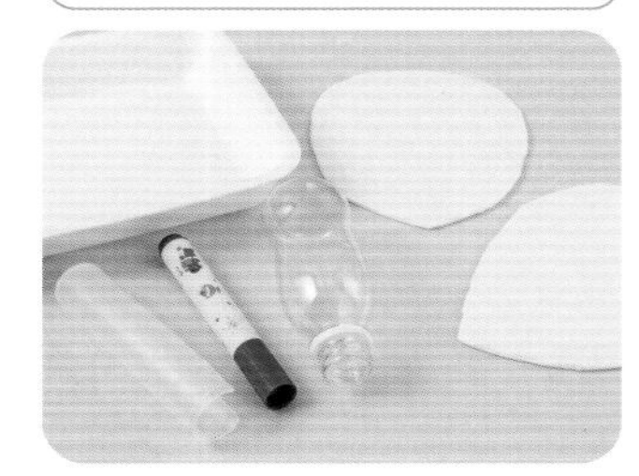

スチレントレーにぎゅっと押し付けて跡をつけます。ペットボトルは子どもが握りやすい小さいサイズを用意。

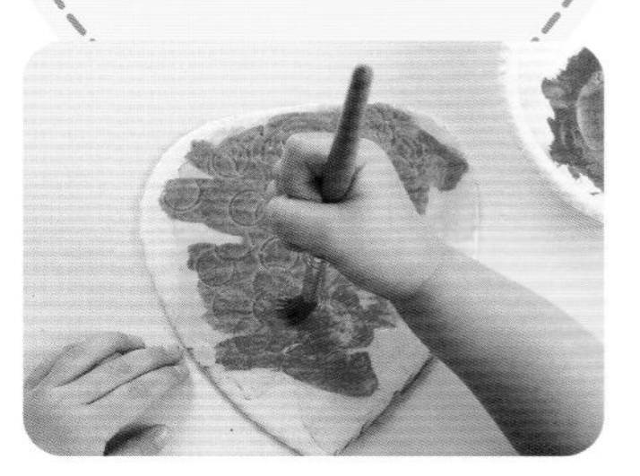

2歳児

フラワー紙を丸めてはって

ふっくらサヤエンドウ

フラワー紙をぎゅっと握って丸い豆を作りましょう。いくつか作ったら、紙皿に並べてはって、へたを付けたらサヤエンドウの出来上がり！　フラワー紙の豆をはる前に紙皿にクレヨンで色を塗ってもいいですね。

両手でぎゅっ。薄いフラワー紙がくしゅっと小さくなるのを楽しみます。

準備

・フラワー紙　・紙皿　・クレヨン
・色画用紙　・紙テープ

作り方

① 半分に切ってから、さやの形に切り取る

直径約15cmの深めの紙皿

両面テープをはっておく

② 色画用紙

裏にはる

はる

しんや

クレヨンで描いてフラワー紙の豆をはったサヤエンドウ

はさみなどでしごいてカールさせた紙テープ

実践のhint!

クラスの名前を書いたプランターからつるを伸ばして、みんなのサヤエンドウをはりましょう。

5月

フラワー紙の手触りを楽しむ

ふんわり小鳥

ひらひらさせたり、くしゅくしゅしたり、軽くて柔らかいフラワー紙の素材感を十分に楽しんであそびます。あそんだ後はポリ袋に詰めてふんわりとした小鳥に仕上げます。丸シールの目をはってもいいですね。

保育者が袋の口を持って、子どもがフラワー紙を袋に入れるのを一緒に楽しみます。

出来上がった小鳥をやり取りしたり、軽く投げてキャッチしたりしてあそんでみましょう。袋に入ったフラワー紙の感触も楽しめるといいですね。

準備

- フラワー紙
- 透明のポリ袋
- 丸シール
- ビニールテープ

作り方

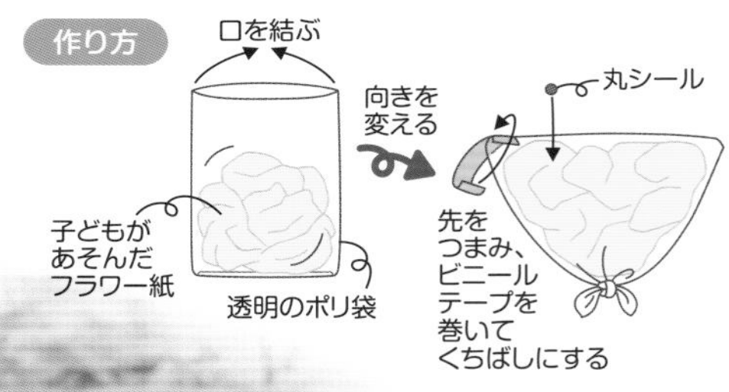

5月

紙を破いてのりではる

ゆらゆら小鳥

さまざまな紙の感触を楽しみながら、ビリビリ破いてあそびます。紙を破くのがはじめてのときは、保育者が破いて見せて。２つ折りにした紙皿に破いた紙をのりではって、小鳥の羽に見立てました。紙をはった後は目やくちばしをはったり、クレヨンで色を塗ったりしても。

5月

準備

- 色紙、色画用紙、広告紙など
- 紙皿
- 丸シール
- クレヨン

色画用紙や色紙、広告紙など、いろいろな紙を破いてみても。のりは少量を紙や缶のふたなどに取って用意します。

実践のhint!

紙は、子どもが扱いやすい大きさにして渡しましょう。破るときの手がかりになるように、端に少し切り込みを入れておくと破りやすくなります。

5月

柔らかな紙を丸めてはる

ふわふわタンポポ

柔らかな手触りのフラワー紙は、いろいろなあそびで繰り返し触って楽しみたい素材です。小さく丸めたら指でつまんで、色画用紙にぺったん。好きなだけはって大きなタンポポを作りましょう。色画用紙の葉っぱをはって仕上げます。

実践の  hint!

タンポポの台紙にフラワー紙をはるときは、あらかじめ両面テープをはっておいたり、のりではるようにしたり、子どもの様子に合わせて対応できるといいですね。

準備

・色画用紙　・フラワー紙

作り方

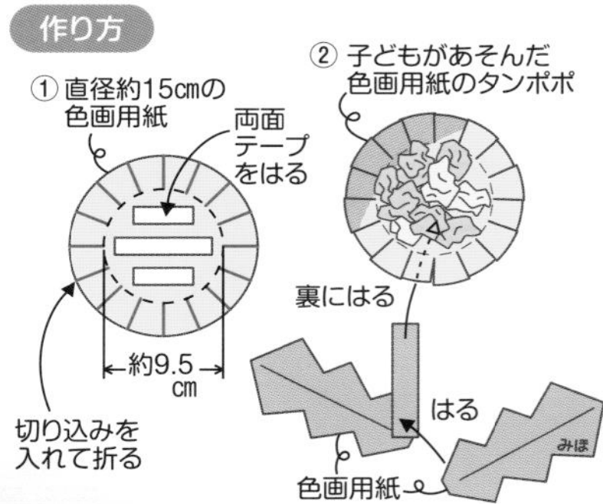

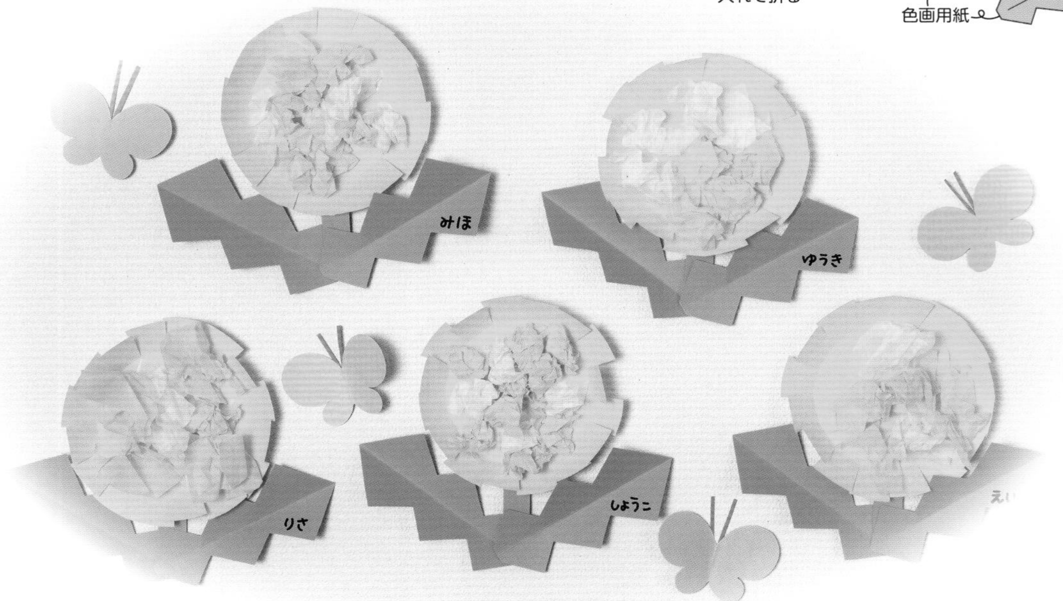

紙粘土に跡をつけて

タンポポペンダント

紙粘土を丸めて平たくつぶし、発泡スチロールの棒を押し付け、跡をつけてあそびます。紙粘土が乾いたら、クレヨンで色をつけてタンポポに。凸凹したところに塗る感触を楽しみましょう。葉っぱは紙粘土がよく乾いてからはるようにします。

実践の hint!

紙粘土は子どもが手に持ちやすい大きさに切り分けて用意しましょう。発泡スチロールの棒も子どもが扱いやすい長さに切って用意します。

準備

- 紙粘土
- 発泡スチロールの棒
- クレヨン
- 色画用紙
- 布リボン

作り方

布リボンはタンポポの裏にセロハンテープではり、引っ張られたときに簡単に外れるようにします。

柔らかい紙粘土に、ぎゅっと押し付ける感触を楽しみます。

5月

しわをつけた色紙に絵の具をつけて

ころころアオムシ

はじめは色紙に触ってくしゃくしゃしたり、丸めたりしてあそびます。たくさん触ってあそんだら、しわのついた色紙を今度は紙芯に巻き付け、絵の具につけて色がつくのを楽しみましょう。丸シールの目をはってアオムシに仕上げます。

5月

握りやすい向きで紙芯を持ち、絵の具をつけます。紙のしわによって絵の具のつき具合にむらができ、おもしろい仕上がりになります。

実践のhint!

紙芯の太さは子どもの様子に合わせて調整しておきます。絵の具は、平らな容器に折り畳んだガーゼや不織布のクッキングペーパーを敷き、濃いめに溶いて染み込ませておくと、こぼれず、あそびやすいでしょう。紙芯を横にしても入る大きさの容器を用意するのがポイントです。

準備

・色紙　・紙芯　・絵の具
・丸シール

作り方

① 紙芯
切り込む

② 丸めてはる
※芯を細くする

③ あそんだ色紙を、両面テープを付けた②に巻き付け、両端を紙芯の中に折り込む

保育書目録

すぐに役立つ
保育のヒントが
いっぱい！

Gakken

保育CALENDAR

1月	2月	3月	4月	5月	6月
		新年度準備・保育書フェア			
●正月	●発表会 ●節分	●春休み ●卒園 ●ひなまつり	●入園	●春の遠足 ●こどもの日	●運動会

※●●●●は園行事、●は一般的な行事で

新年度 保育者になったら「保育力UP!」シリーズ

保育に役立つ
アイディアがいっぱい!

新年度 初めて担任になったら

1日の保育の
流れがわかる!

新年度 担任が決まったら 指導計画を

見通しをもった
保育ができる!

1年中 三法令の理解に

イラストたっぷりで
わかりやすい!

1年中 あそびはCD付きで

運動会・発表会にも使える!

1年中 食育の心強いサポート

計画から実践、
お便り作りまで

※この目録は2023年7月段階での商品ラインナップです。場合により商品のご用意ができないことがあります。ご容赦くださ

発達支援

多様な子どもたちの発達支援

藤原里美／著
AB判　96p
定価1,760円（本体1,600円+税10%）
9784054062870　2015年6月刊
子どもの姿と対応／支援の背景／保護者サポート／クラス運営。発達が気になる子への対応を詳しく解説。

多様な子どもたちの発達支援 CD-ROM付き 園内研修ガイド

藤原里美／著
AB判　128p
価格2,420円（本体2,200円+税10%）
9784054062887　2015年6月刊
行動のとらえ方／行動観察と記録／環境支援ほか、発達が気になる子をチームで支援していくための園内研修をサポート。

多様な子どもたちの発達支援 園実践編

藤原里美／著
AB判　96p
定価1,760円（本体1,600円+税10%）
9784058017302　2022年4月刊
保育環境づくりや個別支援など、発達が気になる子どもたちを支えるために園で取り組める支援メソッドを豊富な事例とともに紹介。

保育者が知っておきたい 発達が気になる子の感覚統合

木村順／著
B5変型判　128p
定価1,760円（本体1,600円+税10%）
9784054056831　2014年7月刊
発達が気になる子どもへの理解と対応について、保育者が知っておきたい感覚統合の基礎的な知識と遊びのプログラムを紹介。

これだけは知っておきたい! 発達障害のある子とのかかわり方

安藤忠・諏訪田克彦／編・著
A5判　144p
定価1,760円（本体1,600円+税10%）
9784058011232　2023年4月刊
発達障害のある子ども、発達が気になる子どもの特性や対応を、保育者の報告をもとに専門家が解説します。

すべての子どもの育ちを支える わらべうたセラピー

久津摩英子・星山麻木／著
AB判　112p
価格2,860円（本体2,600円+税10%）
9784058017432　2022年3月刊
保育の中でさまざまな姿を見せる子どもたちの育ちを支えるわらべうたを63曲紹介。音源CD&うたがすぐ確認できる二次元コード付き。

0.1.2歳児 愛着関係をはぐくむ保育

帆足暁子／著
B5変型判　128p
定価1,760円（本体1,600円+税10%）
9784058010136　2019年2月刊
0.1.2歳児保育に欠かせない「愛着関係」について解説。事例を通して、わかりやすく子どもと保育者のかかわりを紹介。

気になる子のために 保育者ができる特別支援

小平雅基・中野圭子／監修
AB判　96p
定価1,430円（本体1,300円+税10%）
9784054059771　2014年7月刊
発達障がいの基礎知識や、園現場で気になることの背景と対応、保護者との付き合い方などを解説。

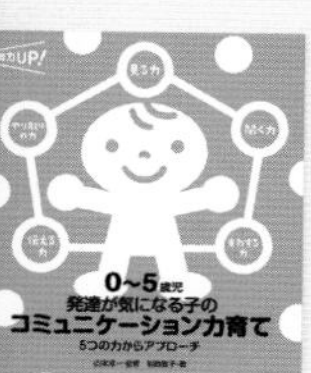

0~5歳児 発達が気になる子のコミュニケーション力育て

山本淳一／監修　松﨑敦子／著
B5変型判　128p
定価1,760円（本体1,600円+税10%）
9784058011799　2020年6月刊
発達が気になる子のコミュニケーションにかかわる5つの力をレーダーチャートで分析。子どもが伸びる保育者の援助がわかる。

気になる子、障がいのある子、すべての子が輝く インクルーシブ保育

広瀬由紀・太田俊己／編・著
AB判　128p
定価1,870円（本体1,700円+税10%）
9784058011362　2020年3月刊
障がいのある子を含む保育の在り方として、近年注目を集めている「インクルーシブ保育」を豊富な事例でわかりやすく紹介。

カードシアター・パネルシアター

おなじみの歌であそぶ　0~3歳児
簡単カードシアター12か月

学研教育みらい／編
265×370mm（B4カード16枚・解説書32p）
価格2,420円（本体2,200円＋税10%）
9784057504643　2014年2月刊
「こぶたぬきつねこ」「おつかいありさん」など、おなじみの歌に合わせて、簡単シアターが演じられる。

おなじみの歌であそぶ　0~3歳児
簡単カードシアター12か月
もっとおもしろしかけ編

近藤みさき／著
265×370mm（B4カード16枚・解説書32p）
価格2,420円（本体2,200円＋税10%）
9784057505084　2015年2月刊
「ぞうさん」「いぬのおまわりさん」など、歌に合わせて演じられるシアターセット第2弾。

おなじみの歌とお話であそぶ13作品　0~3歳
簡単カードシアター12か
はたらくくるま／おおきなかぶ

近藤みさき／著
265×370mm（B4カード16枚・解説書32p）
価格2,420円（本体2,200円＋税10%）
9784057506128　2017年2月刊
「はたらくくるま」や「3びきのこぶた」な
に合わせてシアターを演じられるセット

おなじみの歌であそぶ16作品　0~3歳児
もっと簡単カードシアター12か月
写真カード付き

近藤みさき／著
265×370mm（B4カード16枚・解説書32p）
価格2,420円（本体2,200円＋税10%）
9784057507286　2020年2月刊
「こぶたぬきつねこ」など写真カード付きシアターセット。保育のすきま時間、誕生会にも。

1年中使える　2~5歳児
簡単ペープサート

ピコロ編集部／編
265×370mm（B4カード16枚・解説書32p）
価格2,420円（本体2,200円＋税10%）
9784057505640　2016年3月刊
童謡（「チューリップ」「アイアイ」）や行事（十五夜、ひな祭り）など保育で1年中使えるペープサート集。

わくわくパネルシアター　にじ
ふだんの保育で　お誕生会で
卒園式・発表会に向けて

松家まきこ／指導
280×380mm（Pペーパー8枚・解説書16p）
価格4,950円（本体4,500円＋税10%）
9784057002439　2021年4月刊
名曲「にじ」がパネルシアターに。あの歌
の優しい世界観をパネルシアターで再現

パネルシアター
はらぺこあおむし

エリック・カール／原作　月下和恵／構成
261×367mm（Pペーパー8枚・解説書・保存袋）
価格5,238円（本体4,762円＋税10%）
9784057002033　2012年10月刊
絵本『はらぺこあおむし』がパネルシアターに！　見ごたえのある工夫がいっぱい。

パネルシアター
くれよんのくろくん

なかやみわ／原作　月下和恵／構成
260×370mm（Pペーパー8枚・解説書・保存袋）
価格5,500円（本体5,000円＋税10%）
9784057507200　2019年11月刊
仲間外れにされてしまったくれよんのくろくんが意外な方法で大活躍！

パネルシアター
りんごかもしれない

ヨシタケシンスケ／原作　月下和恵／構
262×368mm（Pペーパー8枚・解説書・保存
価格5,500円（本体5,000円＋税10%）
9784057508436　2023年2月刊
世界11言語で翻訳された大人気絵本『り
ごかもしれない』がパネルシアターで登

紙皿の凸凹にクレヨンで描く

カタカタアオムシ

紙皿の縁の凸凹部分にクレヨンで描くと、どんな描き心地？　カタカタと鳴って、画用紙に描くのとは違う！ って感じてくれるでしょうか。顔に目や口の丸シールをはったり、クレヨン描きを楽しんだ葉っぱにアオムシをはったりします。

紙皿の縁にクレヨンで描いて、凸凹した感触を楽しみます。

実践のhint!

- 紙皿は半分に切って波形がついた縁の部分を太めに切り取って使います。
- クレヨンは、子どもが好きな色を選んで描けるようにするといいでしょう。

準備

- 紙皿　・クレヨン
- 丸シール
- 色画用紙

5月

6月

真っ赤なサクランボや雨、アジサイなどのモチーフを取り入れてせいさくあそびに。室内あそびが増える時期に楽しくあそべるアイディアをご紹介します。

筒に紙を詰める

かわいいサクランボ

フラワー紙などの薄紙の手触りを楽しみます。破いたり、丸めたり、小さな筒に詰めたフラワー紙を引っ張り出すのも楽しいあそびです。穴に詰めるのをおもしろがる頃なら、筒にしっかりと詰め込んでくれそうです。2つの筒を布リボンでつないで仲良しのサクランボに。

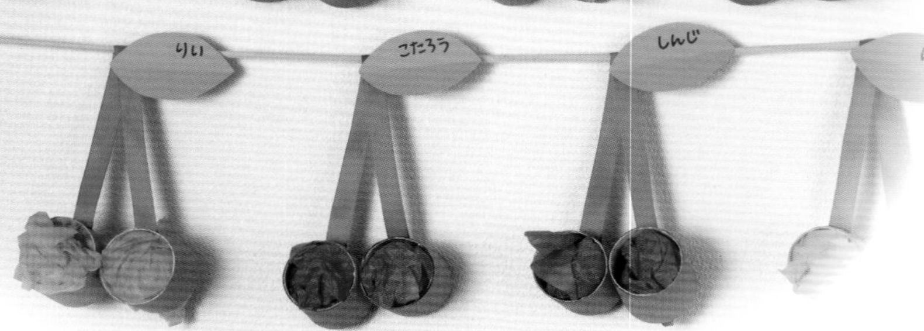

破いたり、丸めたりしてフラワー紙の感触を楽しみます。

実践のhint!

フラワー紙は半分に切るなど、子どもが扱いやすい大きさにして用意します。紙芯に色画用紙を巻き、短く切ると、簡単にちょうどよい筒が用意できます。

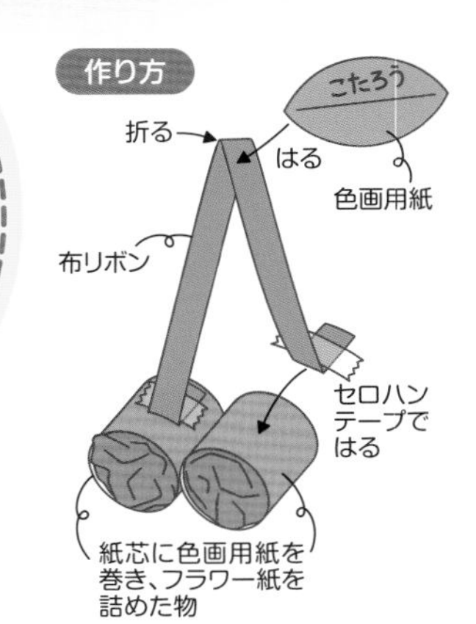

準備

- フラワー紙
- 紙芯
- 布リボン
- 色画用紙

スタンプでぺたぺた

お皿にたくさんサクランボ

スポンジを使って作ったスタンプを押してあそびます。お皿にできたたくさんのサクランボは、ちょっぴり白く抜けた部分が、つやつや光っているみたいで、すてきです。紙にペタンとすると鮮やかな色がつくことを、楽しめるといいですね。2歳児ならフェルトペンで柄を描き足してあそんでも。

スポンジは絵の具をたくさん吸うので、吸い過ぎないように少なめの水で溶き、小さめの容器に少量ずつ入れて用意しましょう。テーブルクロス風に壁にはった布の上に並べて飾ってもいいですね。

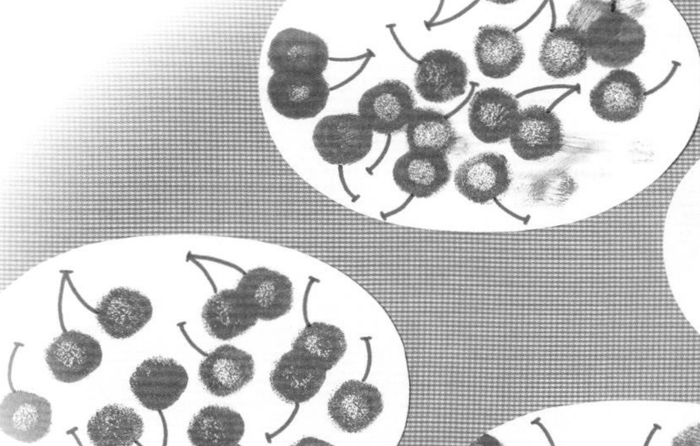

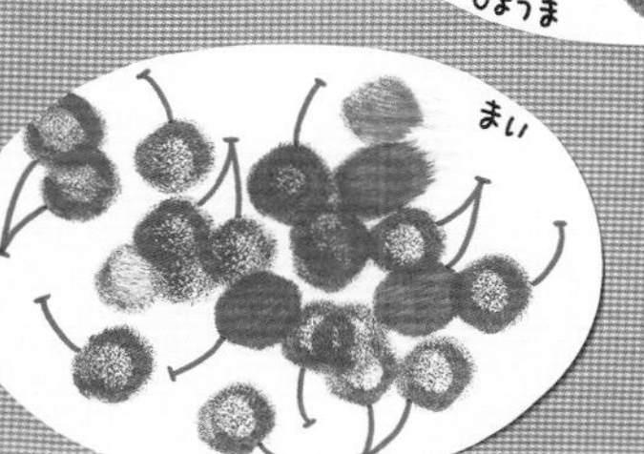

準備

- スポンジスタンプ
- 画用紙
- 絵の具
- フェルトペン

スポンジスタンプは、絵の具をよく含み、何度もぺたぺたできるのも楽しいポイント。

作り方 スポンジスタンプ

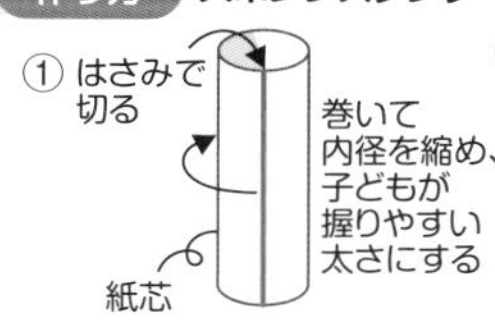

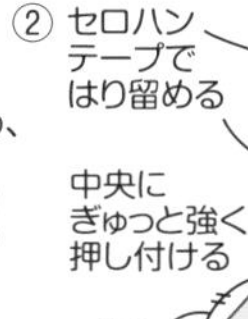

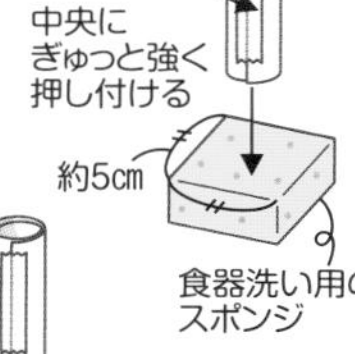

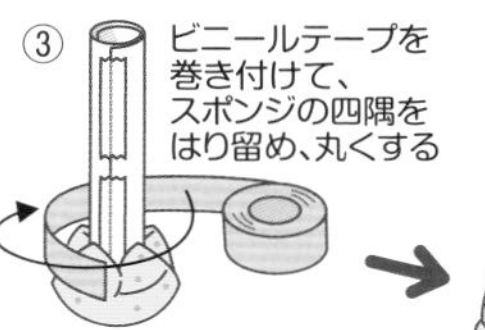

1歳児 2歳児

フェルトペンで描いてにじませる

ぴちゃぴちゃ水たまり

画用紙に描いた水性フェルトペンの跡に水をたらして、にじませたり、手でこすったりしてあそびましょう。インキのにじみが広がって、一人一人のあそびの跡が残った楽しい水たまりが出来上がります。色画用紙の長靴を名札にしました。2歳児なら、にじませるのに筆を使ったり、名札の長靴をのりではることも楽しめますね。

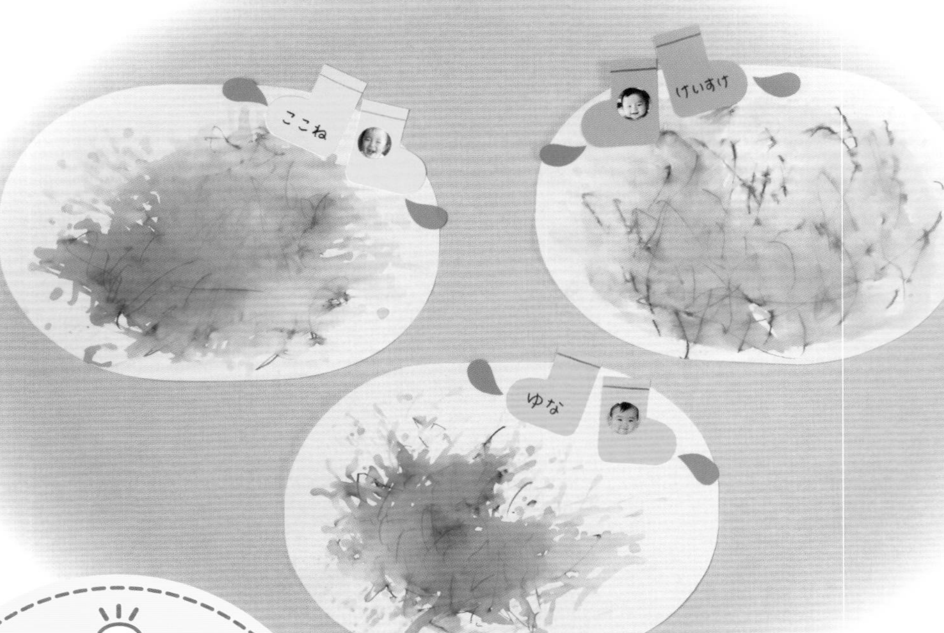

6月

実践のhint!

- 水性フェルトペンは青や水色、紫など青系の物を紙カップなどに入れて用意します。
- みんなの作品を飾るときは、色画用紙の長靴に名前や写真を添えると、子どもの作品の邪魔をせずに、保護者にもあそんだ子が誰かわかって楽しいでしょう。

準備

- 画用紙
- 水性フェルトペン
- 色画用紙
- 筆

水性フェルトペンでトントンしたり、線を描いたり。色がつくのを楽しみます。

紙粘土の感触を楽しむ

ポタポタ雨粒

軽くて柔らかい軽量紙粘土の感触を楽しみ、握ったり、ちぎったりしてあそびます。子どもたちのつけた手の跡をそのまま乾かして、たくさんの雨粒を作りましょう。白い紙粘土に絵の具を混ぜて着色します。青のグラデーションで数色用意すると混色も楽しめます。

実践のhint!

- あそんだ後の紙粘土は、子どもごとに粘土板や空き箱などに入れて乾かしましょう。
- 軽量紙粘土は乾いた後に針を刺して糸を通すことができるので、子どもの作品ごとに糸を通して飾ります。

6月

色の違う紙粘土をくっつけて一緒に握るうちに、色が混じり合うのも楽しみます。

準備

- 軽量紙粘土
- 糸
- 色画用紙
- 絵の具

作り方

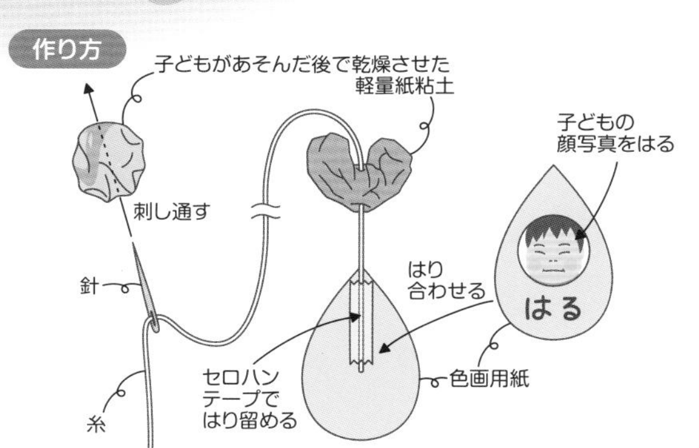

絵の具をたらして

雨ザーザー

子どもの手が届く高さにはった色画用紙に、絵の具がたっぷりと付いた筆を押し付けて絵の具をたらしてあそびます。すーっと絵の具がたれる様子を楽しみましょう。乾かした後に色画用紙で作ったカタツムリをのりではってもいいですね。

実践のhint!

- 壁面から床にかけてレジャーシートなどを敷き、その上に色画用紙をはってあそびの準備をします。
- 絵の具はたれやすいように多めの水で溶き、筆をしっかりつけられるように深さのある容器にたっぷりと用意します。

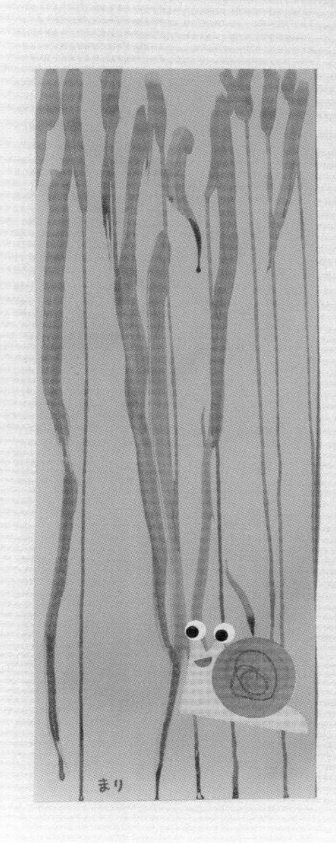

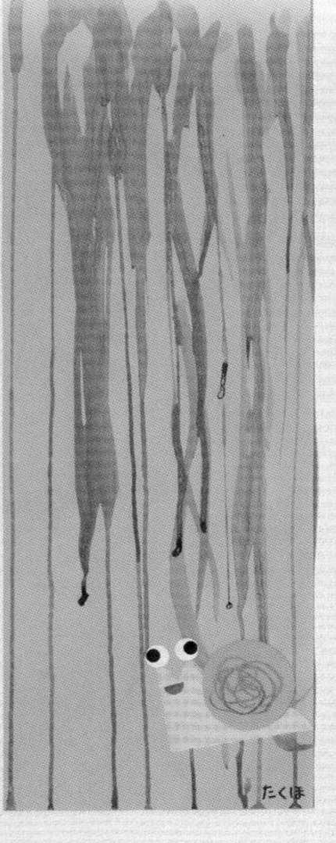

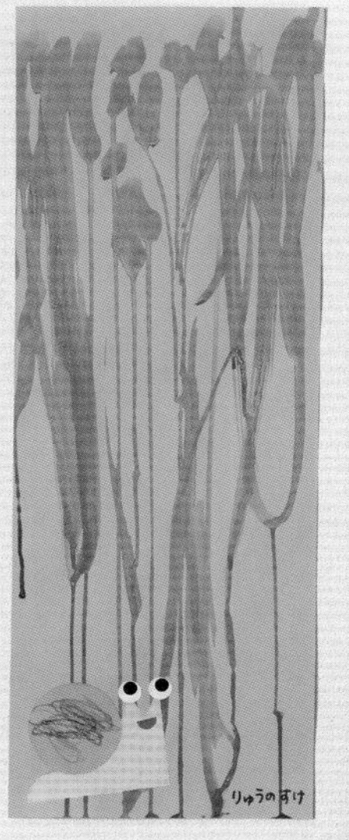

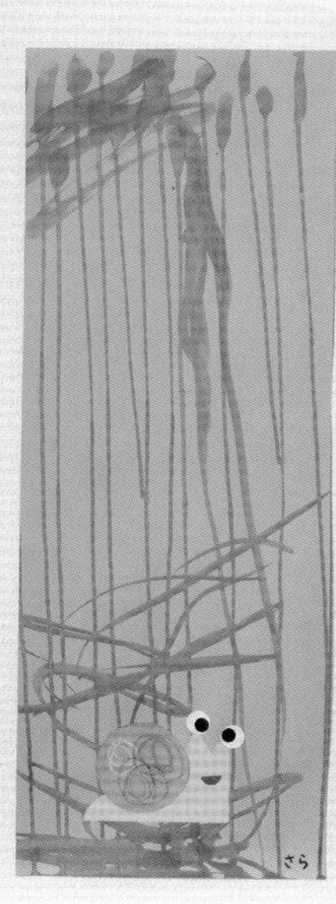

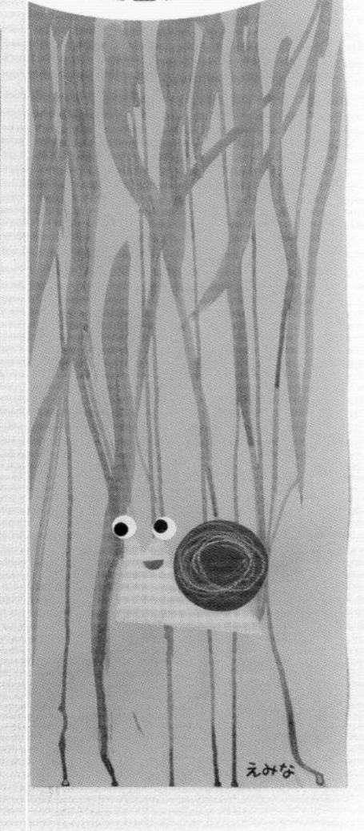

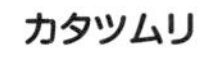

色画用紙いっぱいに、たくさんの雨を降らせてみよう！

準備

- 色画用紙
- 絵の具　・筆
- クレヨン

作り方

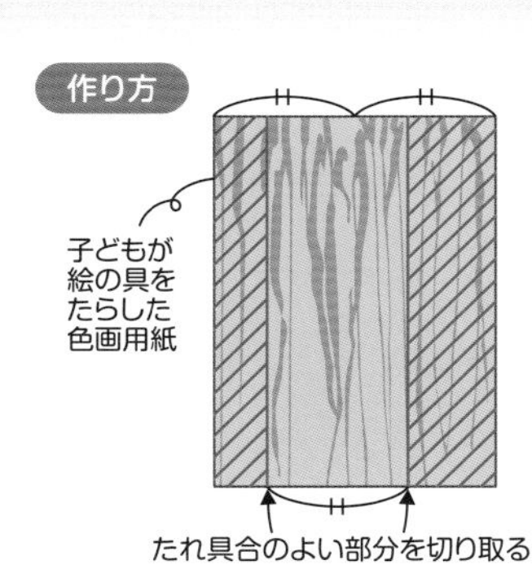

カタツムリ

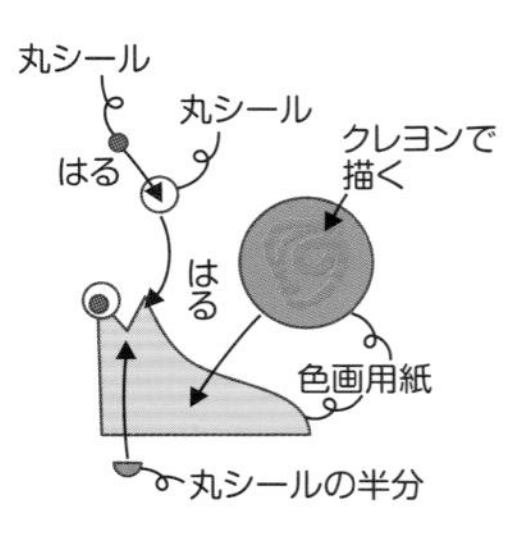

米粉の指絵の具を触って
混ぜ混ぜアジサイ

米粉の指絵の具を画用紙に載せて触ってあそびます。粘り気があって、滑りもよく、指跡がつくのも楽しいポイントです。十分に触ってあそんだらよく乾かして、色画用紙の葉っぱを付けてアジサイに見立てました。

色画用紙の上で、指で伸ばしたり、手のひらで触ってみたり、指絵の具の感触を味わえるといいですね。

6月

準備

・米粉　・画用紙
・食用色素　・色画用紙
・チャック付きポリ袋

作り方

① 米粉を水に溶いて弱火にかける

② ①を冷まし、チャック付きポリ袋に入れて分ける

③ 食用色素を加え、よく混ぜて色をつける

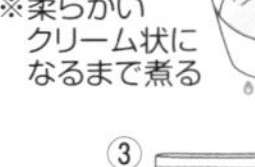
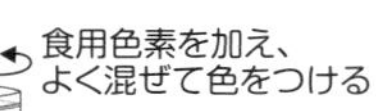
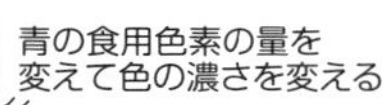

（製作のとき）

切り口から米粉の指絵の具を絞り出す

（混色するとき）

食用色素を少量ずつ加えて調節する

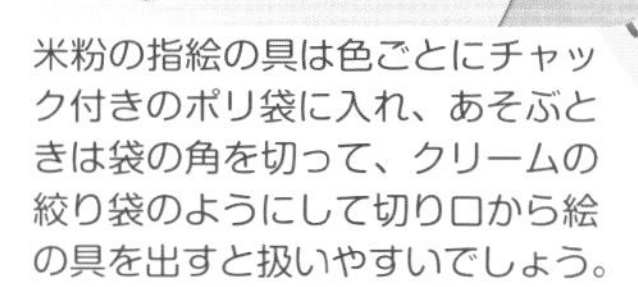

米粉の指絵の具は色ごとにチャック付きのポリ袋に入れ、あそぶときは袋の角を切って、クリームの絞り袋のようにして切り口から絵の具を出すと扱いやすいでしょう。

実践のhint!

- 水で溶いた米粉を煮てクリームくらいの柔らかさにし、食用色素で色をつけます。米粉はアレルギーの心配が少ないので、指絵の具にはお勧めです。
- 子どもたちの様子を見てもっとやりたいようなら、さらに指絵の具を足したり、違う色を出したりするといいでしょう。触りたがらない子には無理強いをしないようにします。

透明素材を重ねて

アジサイきらきら

光を透過する素材を使ってアジサイを作りましょう。気泡緩衝材の平らな面に両面テープをはっておき、セロハンや光を透過する色紙などを自由にはってあそびます。出来上がったら窓に飾って。窓の外の緑や、雨に映えてすてきです。

6月

両面テープにセロハンや色紙の一部がはれていれば、同じところにはり重ねても大丈夫。重なってできた色を楽しみます。

実践のhint!

セロハンや光を透過する透明素材の色紙は、使いやすい大きさに切って容器に入れておくとあそびやすいでしょう。色ごとにまとめておいてもいいですね。

準備

- セロハンや光を透過する色紙
- 気泡緩衝材

作り方

※セロハンや透明素材の色紙をはる
※透明素材の色紙を切った葉をはる

湿らせた障子紙にたんぽを押して

にじむアジサイ

霧吹きで水をかけて、しっかりと湿らせた障子紙にたんぽを押してみましょう。水分を含んだ障子紙に絵の具がにじみ出して、濃淡の柔らかな色合いになります。乾いたら丸い紙皿にかぶせてはり、立体的なアジサイにします。

綿を柔らかく包んだたんぽは、押す力が弱くても色がつきやすく、楽しくあそべます。

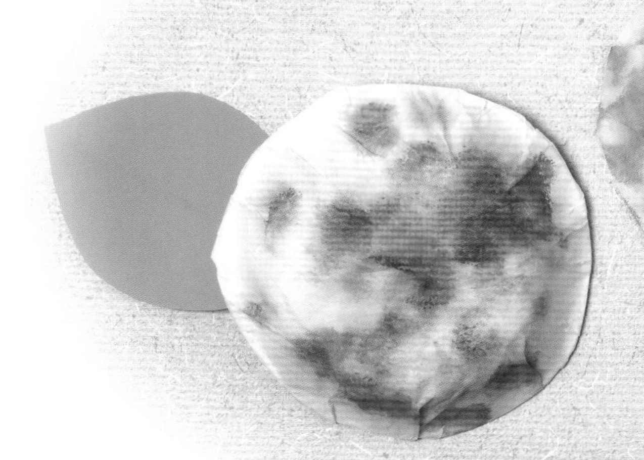

準備

- たんぽ
- スタンプ台
- 障子紙
- 霧吹き
- 紙皿
- 色画用紙

作り方

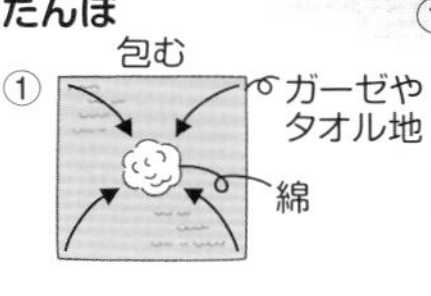

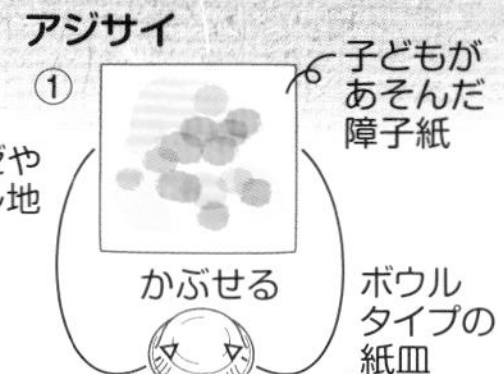

実践のhint!

和紙素材の障子紙は、ぬらしても破れにくく、丈夫なので楽しくあそべます。障子紙には、表面にコーティングがされている物や、プラスチック素材の物もあるので、このあそびに使う場合は、確認してコーティングのない和紙を選ぶようにします。

色紙を丸めて作る

ころんと丸いカタツムリ

色紙は子どもが扱いやすい紙で、力を加えた形を保ちやすい素材です。くしゅくしゅしたり、丸めたり、握ってできた形のまま、カタツムリの台紙にぺたんとはりましょう。

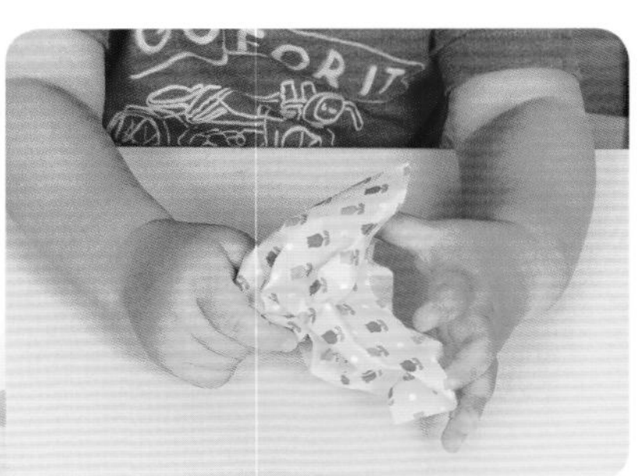

両手を使って、クシュクシュぎゅっ。

6月

実践のhint!

クッキングペーパーなどの紙芯を細く切ってカタツムリの台紙を用意します。丸みを生かし、内側に両面テープをはって、色紙を固定できるようにしておきます。

準備

・色紙
・紙芯
・丸シール

作り方

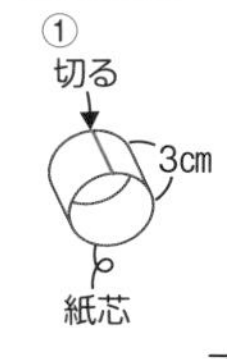

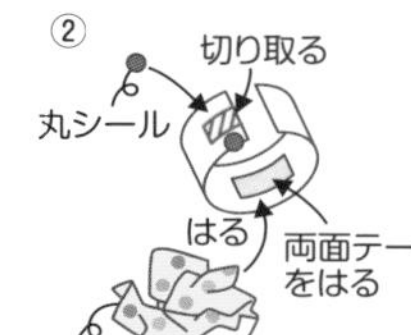

クレヨンで描いて絵の具を重ねて

はじき絵カタツムリ

丸く切った画用紙に、クレヨンで自由に描いた上から絵の具を塗ってあそびましょう（はじき絵）。クレヨンの部分の絵の具がはじかれるのを感じながら塗れるといいですね。カラフルなカタツムリの殻ができたら乾かしてのりではります。顔は、描いたり、シールをはったりしてもいいでしょう。

いろいろな色のクレヨンで自由に描きます。

クレヨンで描いた上から絵の具を塗って、クレヨンが絵の具をはじくのを楽しみます。

準備

・画用紙　・クレヨン　・色画用紙
・丸シール　・絵の具　・筆

実践のhint!

絵の具は水を多めにして溶いておくと、クレヨンにはじかれやすく、筆圧が弱くてもはじき絵を楽しめます。2〜3色用意して容器に入れ、好きな色を選べるようにします。

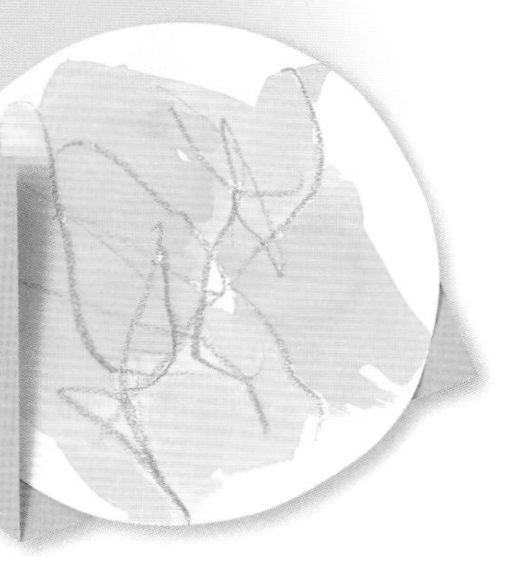

※プラスチックなどにも描けるタイプの絵の具は、クレヨンの上にも描くことができ、はじき絵ができないので注意しましょう。

0歳児　1歳児　2歳児

紙皿に載せた絵の具を触って

カニと魚のササ飾り

紙皿の上に絵の具を出して、直接触って感触を楽しんでみましょう。子どもの様子を見て、もっとやりたいようなら別の色を足し、混ざり合う様子や色の違いを楽しみましょう。絵の具を口に持っていきがちなときは、絵の具の代わりに米粉の指絵の具（35ページ参照）で活動してもいいでしょう。

7月

サササ飾りや冷たい食べ物、花火。夏のわくわくするモチーフでお部屋を飾ってみませんか。
子どもたちの楽しい作品が並びそうです。

絵の具が乾いたら目やはさみ、足や尾をはってカニや魚にしました。

準備

・紙皿　・絵の具　・丸シール
・色画用紙　・ミラーテープ　・ひも

実践のhint!

- 紙皿には撥水加工がされていて、絵の具をはじいてしまう物もあります。事前に絵の具がつくかどうか、確認をしましょう。
- 混ざり合ったときにきれいな色になる配色を心がけて色を選ぶといいですね。

作り方　カニ

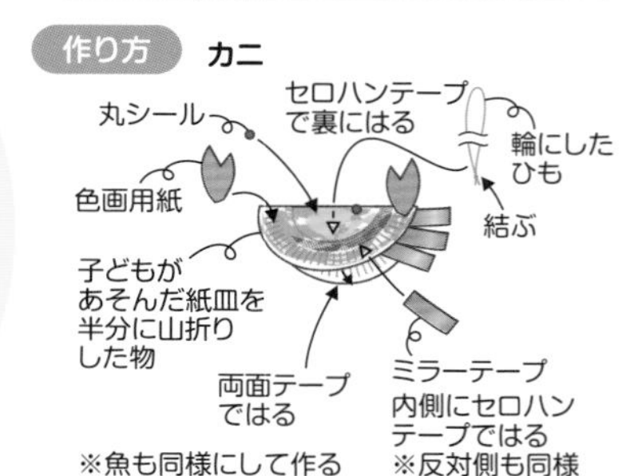

すずらんテープを裂いて

きらきら流れ星

すずらんテープの先を指でつまみ、左右に引っ張るとすーっと裂ける感触が味わえます。何度か繰り返すとすずらんテープが細くなって、ひらひらと揺れる星の尾になります。星に丸シールで表情を付けてササ飾りにしても。

すーっと裂けるのがわかると、おもしろくなって何度も裂いてみます。

・色紙　・すずらんテープ
・丸シール

作り方

星の型紙　- - - - - 谷折り

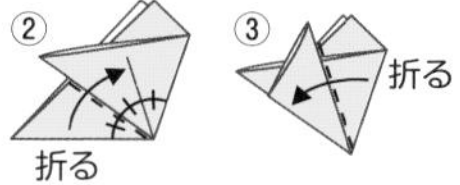

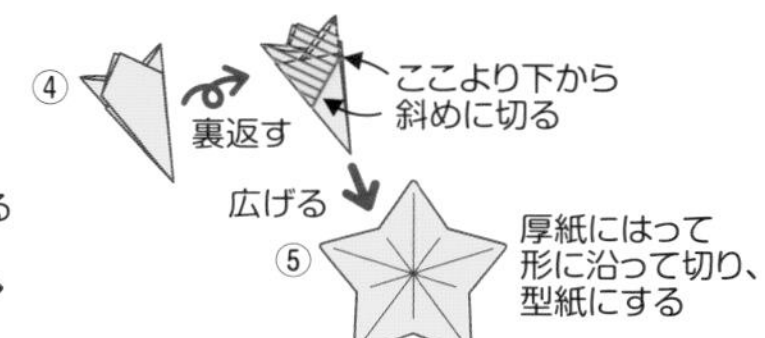

流れ星

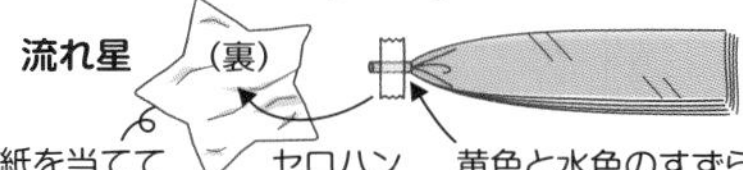

実践のhint!

- すずらんテープは重なり合ったときに色が混じるので、組み合わせを考えて用意できるといいですね。
- すずらんテープをはる星は、型紙を作って重ね切りすると簡単です。星の作り方は覚えておくと、いろいろな場面で使えて便利です。

フェルトペンで描いてにじませて

にじいろアイスクリーム

障子紙に水性フェルトペンで描いた後に、水を筆で塗りましょう。水性フェルトペンの色がじわ～っとにじんで広がって、アイスクリームらしいマーブル模様に。コーンの模様はクレヨンで描くと、水がついてもにじみません。

水性フェルトペンで描いた上から、筆で水を塗ってにじませます。

準備

- 障子紙　・色画用紙
- 水性フェルトペン
- 筆　・クレヨン

実践のhint!

障子紙は、表面がコーティングされているなどして、絵の具がにじみにくい物、片面しかにじまない物などがあります。活動の前に必ず試してみるようにしましょう。

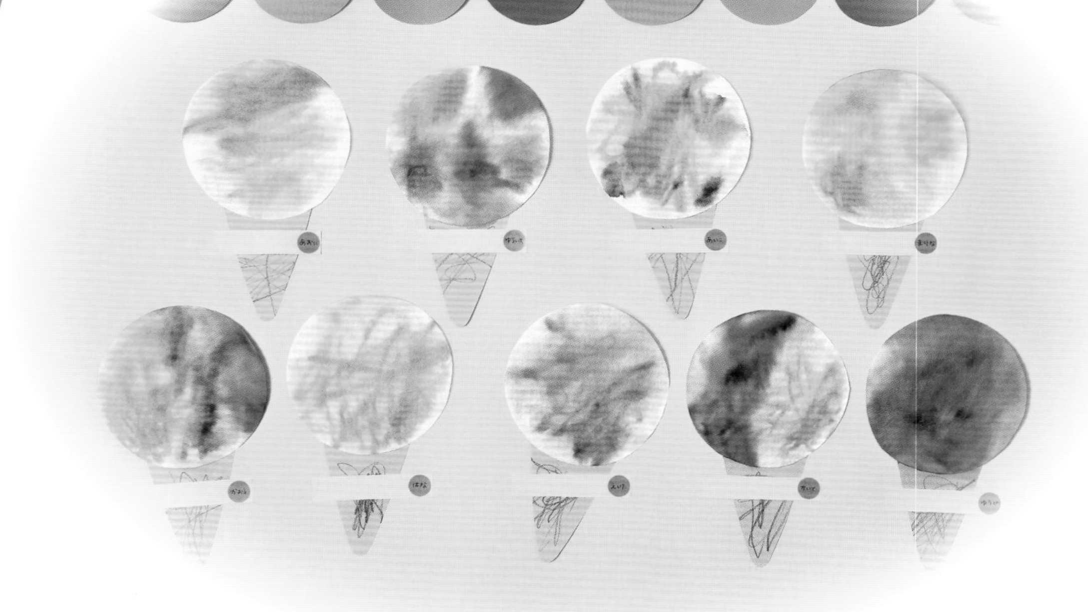

1歳児 2歳児

スポンジでカラフルにスタンプ

つみつみアイスクリーム

画用紙にいろいろな色でスポンジスタンプを押して、高く積み重なったアイスクリームを作ります。好きな味のアイスクリームが積み上がるといいですね。絵の具が乾いたら、丸シールのトッピングもカラフルにはってみましょう。

実践のhint!

アイスクリームの台紙は、びょうぶ折りにした画用紙の角を丸く切って作ります。丸がつながった形にすることで、丸の中にスタンプを納めて押すという楽しみ方もできるようにしています。スポンジスタンプは、スタンプ台の色の数だけ用意します。

7月

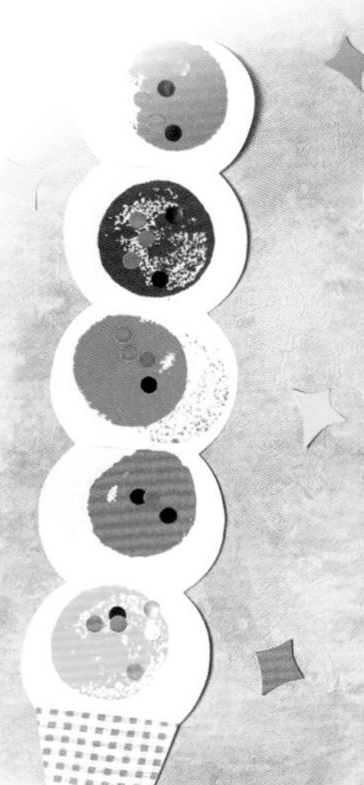

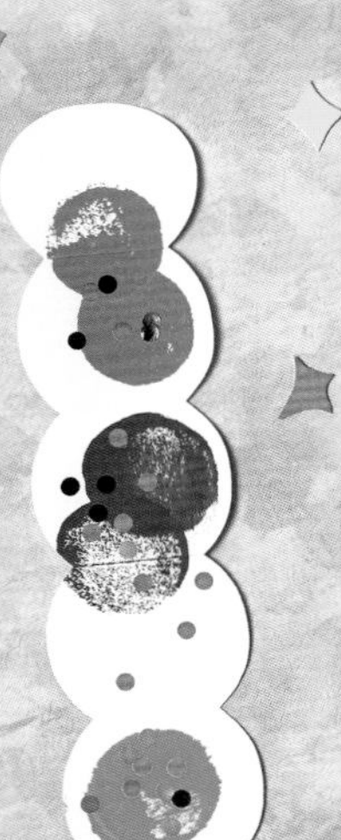

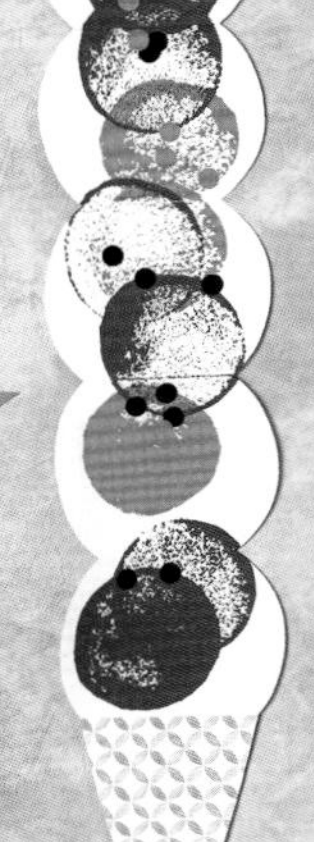

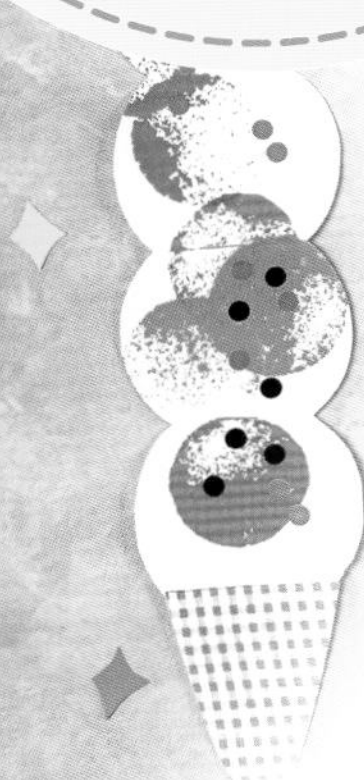

好きな色で、好きな所にぺたぺた。アイスクリーム、たくさんあるとうれしいね。

準備

- 画用紙
- スポンジスタンプ
- スタンプ台
- 丸シール
- 柄のついた色紙

作り方

スポンジスタンプ

直径約5.5cmの円に切った薄いスポンジ

カラー工作紙

多用途接着剤ではり付ける

紙カップ

アイスクリーム

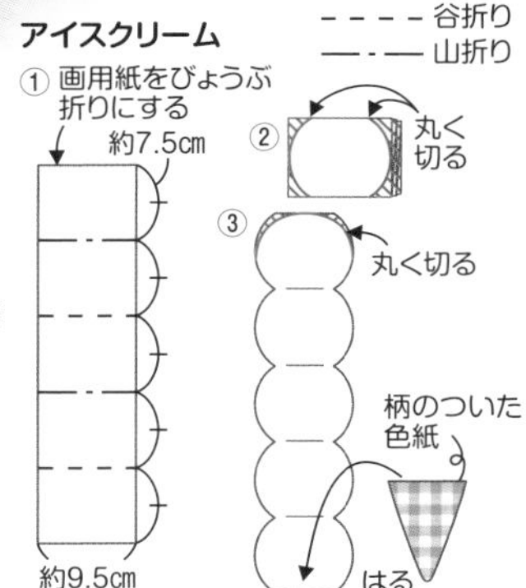

丸シールをはって楽しむ

つぶつぶアイスキャンディー

色画用紙を巻いた紙芯に、いろいろな色の丸シールをぺたぺた。立体的な物にシールをはるのを楽しみます。シールがはれたらクレヨンで色をつけて。シールに描いたり、シールをよけて描いたり、子どもたちの自由な発想が光ります。持ち手を付けてアイスキャンディーに。

アイスキャンディーうさぎ屋

7月

実践のhint!

丸シールは台紙にはったまま1列ずつ切り分けて用意すると、はがしやすくあそびやすいでしょう。丸シールも、色画用紙を巻いた紙芯も、何色か用意して、子どもが好きな色を選べるようにしておくといいですね。

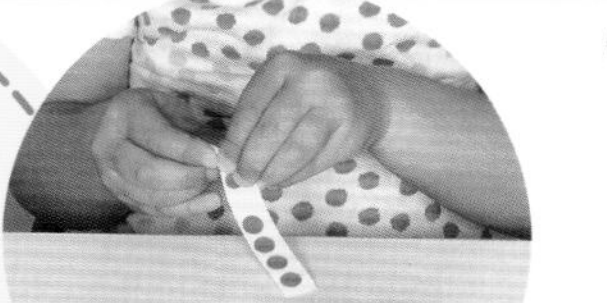

準備

- 色画用紙
- 紙芯
- クレヨン
- 丸シール
- 段ボール板

作り方

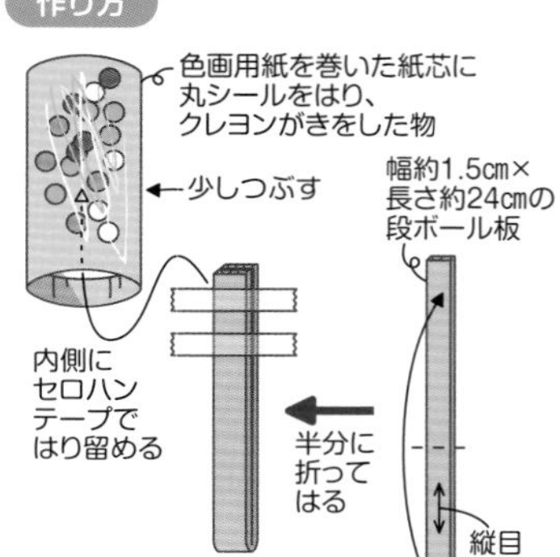

0歳児 1歳児

絵の具を手指で塗って

カラフルジュース

コップ形に切った紙の上に絵の具をたらし、触ってあそびましょう。ぬるぬるとした絵の具の感触や、つるつるとした紙の質感を感じられるといいですね。絵の具を口に持っていきがちな0歳児は米粉の指絵の具を使うといいでしょう（35ページ参照）。絵の具が乾いたら、切り込みにストローをさします。

準備

- 厚手のつるつるした紙
- 絵の具
- ストロー

実践のhint!

- コップはカレンダーなど、厚手でつるつるとした紙の裏側に油性フェルトペンで描き、切り取って準備します。
- 子どもたちが好きな色の絵の具を何色か用意して楽しみましょう。絵の具は指の滑りがいいように、少量の水で濃いめに溶いておきます。

コップの真ん中にたらした絵の具に指を伸ばし、感触を楽しみます。

7月

スタンプで模様をつける

まんまるテントウムシ

子どもたちが握りやすい小さいサイズのペットボトルを使ってスタンプあそび。丸いふたの部分に絵の具をつけて、テントウムシの斑点を押して楽しみましょう。スタンプの絵の具が乾いたら、丸シールの目をはります。

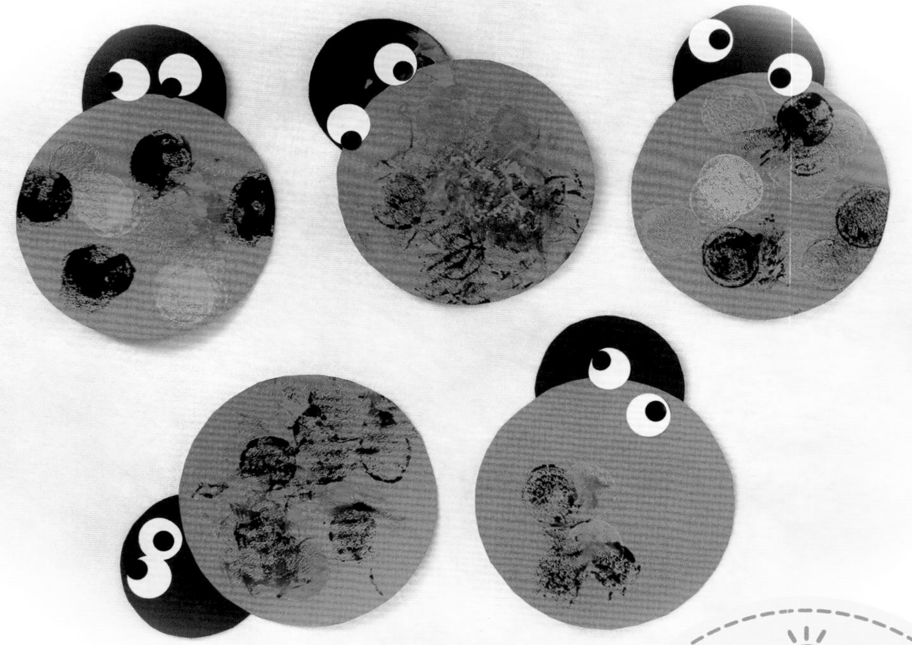

7月

準備

- 色画用紙
- 小さいサイズのペットボトル（約110〜130ml）
- スタンプ台
- 丸シール

実践のhint!

小さいサイズのペットボトルは、子どもたちの手に握りやすい道具になります。ふたをしっかりと閉めてテープで巻き留めましょう。段ボール板や折り畳んだ新聞紙などを敷いてクッションにすると、スタンプの形がきれいに出やすくなります。

ふーっと吹いて絵の具を散らす

吹き絵花火

色画用紙に筆でたらした絵の具に、ストローを近づけてふーっと吹くとどうなるかな？
吹いた息で絵の具が花火のように広がる様子を楽しみます。

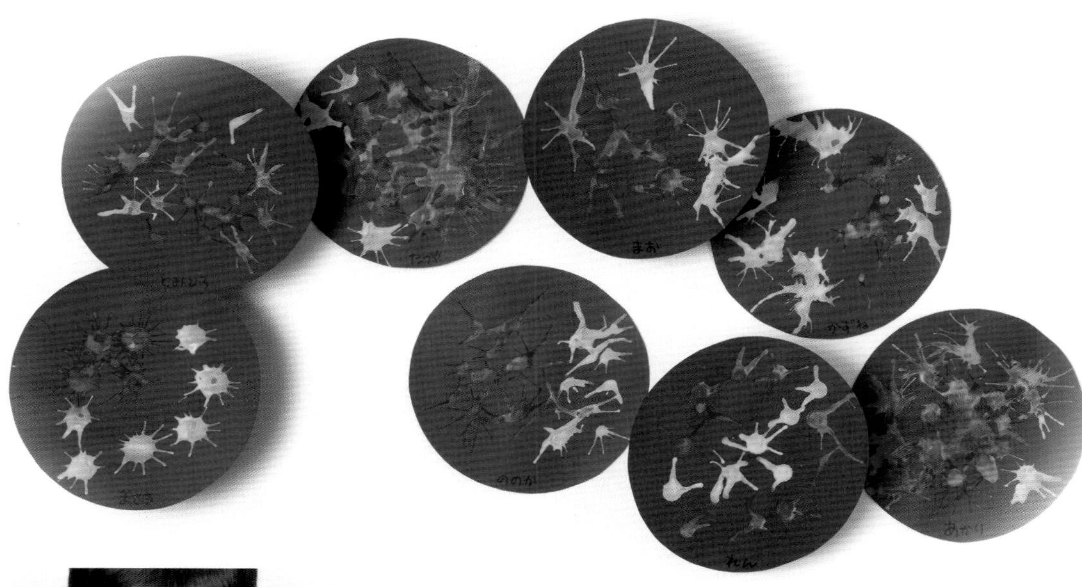

ストローを使ってふーっと息を吹きます。
絵の具を多めにたらし、勢いをつけて吹いてみましょう。

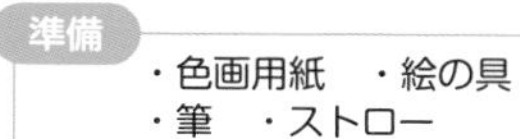

準備
・色画用紙　・絵の具
・筆　・ストロー

実践のhint!

●色画用紙は夜空をイメージして暗めの色を、絵の具は色画用紙に映える色を水でゆるく溶いて、2色くらい選んで用意します。

●花火は、空き箱や紙パックを使って高さを変えて飾ると、すてきです。

8月

涼し気なお魚や、暑さに負けない元気な虫たち、ヒマワリなど、真夏のモチーフを取り入れて、暑い夏も思い切りせいさくあそびを楽しみましょう！

寒天を触って感触を楽しむ

ふるふるフィッシュ

つるっひやっな感触が楽しい寒天を触ってみましょう。寒天は食用色素を入れて、カラフルに作ります。チャック付きのポリ袋に入れて袋の上から触ったり、砕いたりしてあそびましょう。2歳児は、好きな色の寒天を入れた魚作りを楽しみます。

紙の上に並べ、尾びれやはさみを描いたり、丸シールの目や口をはったりして海の生き物に見立てました。

準備

- 寒天　・食用色素
- チャック付きポリ袋
- スプーン　・丸シール

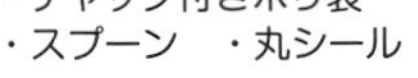

作り方

少しずつ振り入れ、しっかりと煮溶かす

ボウルに分けて色をつける

※常温、または冷蔵庫で固める

実践のhint!

寒天は粉末タイプが扱いやすいでしょう。しっかりと煮溶かし、食用色素を少量加えて色をつけます。寒天は常温で固まりますが、あそぶ前に冷蔵庫で冷やして冷たい感触を楽しめるようにするといいでしょう。トレーやカップ、ボウルなどを使っていろいろな形の寒天を作ります。

スプーンですくった寒天を、チャック付きポリ袋に入れるのに集中しています。

0歳児 1歳児

水に溶かしたフラワー紙であそぼう

カラフルお魚さん

フラワー紙をちぎったり、洗面器に入れた水に浸したりしてあそびましょう。浸した水をぐるぐるかき回すと、フラワー紙が細かくちぎれてどろどろの感触に。手のひらですくって、画用紙の魚に載せて乾かします。

魚の上に載せたフラワー紙が半乾きのうちに、でんぷんのりを筆で塗って乾かすと、フラワー紙が定着します。でんぷんのりは少しの水で溶いて使うと、塗りやすいでしょう。

- フラワー紙
- 画用紙
- 丸シール
- 洗面器やたらい

フラワー紙を入れたら手でかき混ぜて、どろどろ、ぐちゃぐちゃの感触を楽しみます。

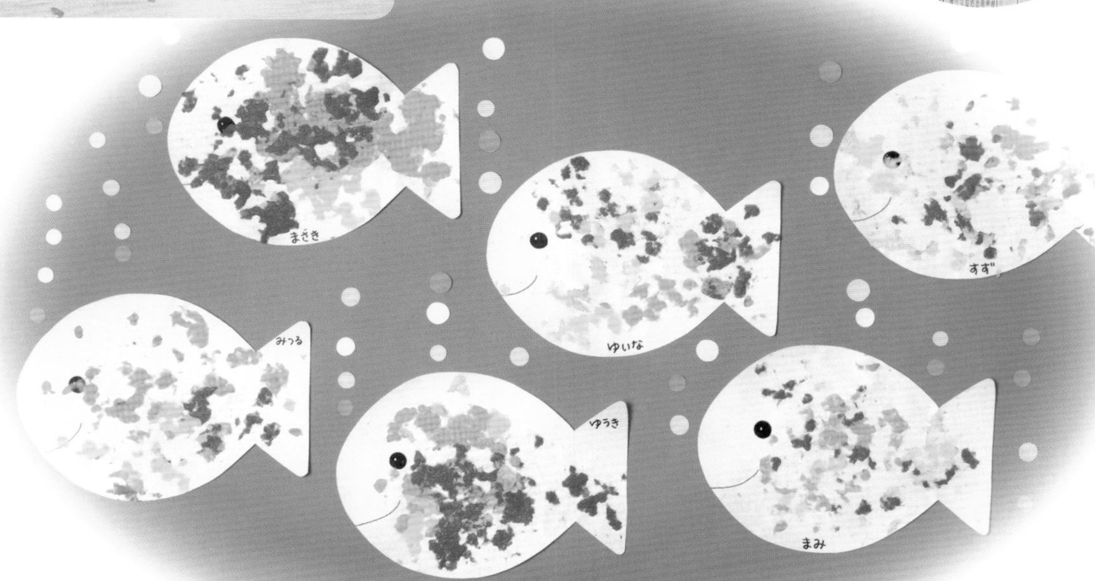

1歳児 2歳児

シールやマスキングテープをはる

シースルーフィッシュ

ステンドカラータックの魚に、丸シールやマスキングテープをはって模様をつけてあそびます。出来上がったら窓にはって、魚たちを泳がせましょう。いろいろな模様のカラフルな魚たちが光に透けてきれいです。

8月

実践の hint!

マスキングテープは、大人なら手で簡単にちぎれるので便利に使えます。切った物を紙カップなどの縁にはって用意してもいいでしょう。

準備

- ステンドカラータック
- マスキングテープ
- 丸シール

この作例では、魚の形に切ったステンドカラータックに油性フェルトペンで目と胸びれを描いて準備しました。

ビニールテープをはる

紙パックのお魚さん

紙パックで作った魚に、ビニールテープやクレヨンで模様をつけるのを楽しみます。ちょっぴり深さがある中にはったり、描いたりするのは、平面にするのとはまた違ったあそびになります。紙パックやビニールテープは水に強い素材なので、できたら水に浮かべてあそびましょう。

台紙からビニールテープをつまんではがすのは、ちょっと力が必要。

実践のhint!

ビニールテープは、切り開いた紙パックに、引っ張って十分に伸ばした状態ではり、適当な長さにカッターで切り目を入れて用意します。テープが元に戻ろうと縮んですき間ができるので、はがしやすくなります。

準備

- 紙パック
- ビニールテープ
- クレヨン

作り方

紙パックの魚

① 1000mℓの紙パック

半分に切る

切り取る

② ①の半分

約8cm

折る

切り込む

底を折り畳む

約3cm

③

2側面を約4cm重ねてセロハンテープではり留める

2つの三角部分を折ってガムテープではり留める

（底側から尾びれを見た所）

④

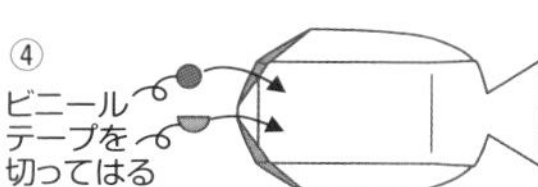

いろいろな素材に触ってみよう

くしゅくしゅトンボ

質感の違う素材をいろいろ集めて触ってみましょう。感触の違いに気がつくかな？　お気に入りは見つかるかな？　いろいろ触ってあそんだら帯状に切ったカラー工作紙で挟んではり合わせ、トンボを作ります。丸シールをはって目をつけるのもいいですね。

実践のhint!

紙のほかにポリ袋やレジ袋、不織布、台所用や野菜のネット、セロハンなど、感触や質感の違う素材をいろいろ集めましょう。どの素材も、子どもが扱いやすい大きさにして用意します。

8月

子どもがあそんだ後のトンボは窓に飾ってもいいですね。

準備

- 感触の違う素材いろいろ
- カラー工作紙
- 丸シール

作り方

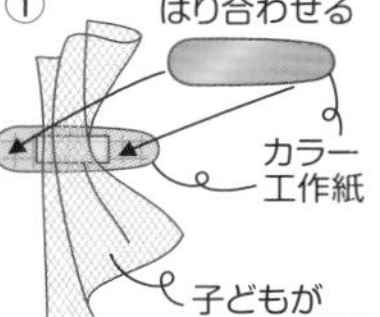

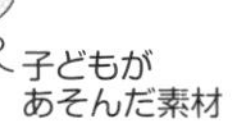

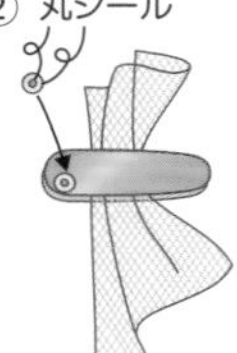

本物の木の葉に触ろう

葉っぱの羽のセミ

触ったり、匂いをかいだり、本物の葉っぱを手にしてあそびましょう。いろいろ観察した後は、色画用紙で作ったセミの体に両面テープでぺったん。羽に見立ててはってみましょう。マスキングテープもはって、模様をつけてもいいですね。個性的なセミが出来上がります。

準備

・木の葉　・色画用紙
・マスキングテープ　・丸シール

作り方

セミの体

① ①②の順番に折ってセロハンテープではる

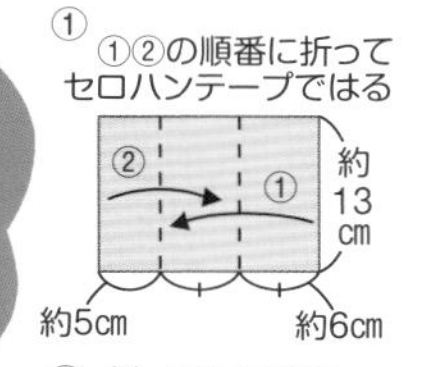

② 折ってセロハンテープではる

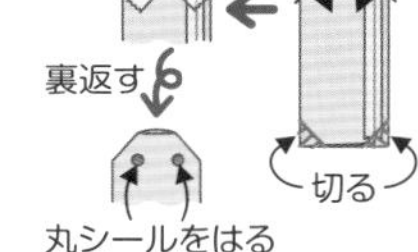

木

綿ロープ
同じ物をはり合わせる
ガムテープではる
約54cm
はる
しわをつける
約25cm

※指定以外の材料はすべて色画用紙

実践のhint!

出来上がったセミは色画用紙で作った木にとまらせてお部屋に飾ったり、両面テープで子どもが身につけたりしてあそんでもいいですね。

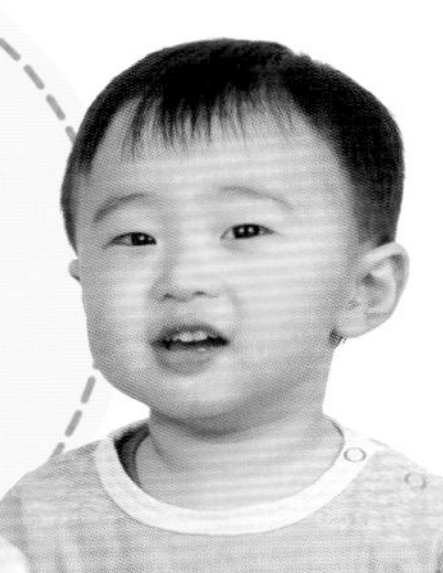

ボン天のスタンプを押して

さんさんヒマワリ

ボン天のスタンプでぺったん。柔らかな押し心地と一度にいくつもの跡がつくのを楽しみましょう。自由にぺたぺたした後、花びらの形に切った色画用紙とはり合わせてヒマワリに仕上げます。

実践のhint!

- 紙カップを使ってスタンプを作ります。底の部分に、接着剤を付けたボン天を丁寧に詰めてはり付け、持ち手は子どもが持ちやすい太さに調整しましょう。
- 絵の具は濃いめに溶いてボン天のスタンプが入る大きさの容器に入れて用意します。

8月

床や机で好きなように押してあそびます。

準備

- 色画用紙
- ボン天のスタンプ
- 絵の具

作り方

ボン天のスタンプ

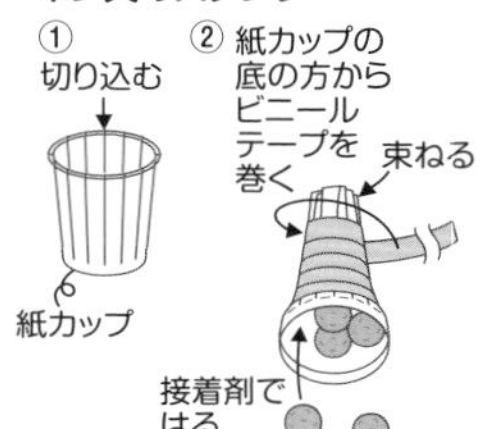

ヒマワリの花びら

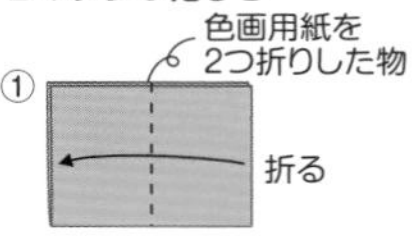

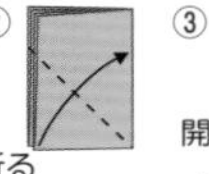

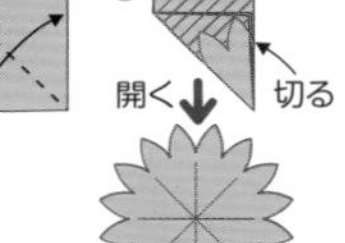

ひもを通して作ろう

元気いっぱいヒマワリ

穴開けパンチで穴を開けた丸いカラー工作紙に、ひもを通してあそびます。穴に好きなだけひもを通したら、裏で留めます。カラー工作紙と同じ大きさの色画用紙に花びらをはり、ひもを通したカラー工作紙と重ねてはって、ヒマワリの花を作りましょう。

ひもの端はセロハンテープを巻いて穴に通しやすくしておきましょう。ひもを通したら、花びらをはった色画用紙とはり合わせます。

準備

- カラー工作紙
  丸く切って穴開けパンチで縁に穴を開ける
- ひも
- 色画用紙

実践のhint!

出来上がったヒマワリは青空の色の大きな色画用紙にはって飾ります。子どもたちと一緒にもこもこの雲のスタンプを押して、夏らしい青空を作ってみてもいいですね。スタンプはメラミンスポンジを、底面が楕円形になるようにカッターで切って用意します。

8月

くっつくかな？　はるを楽しむ

お月見だんご

丸く切ったクッション（発泡ポリエチレン）シートや不織布の柔らかい手触りを楽しみながら、おだんごに見立てて両面テープで台紙にはってみましょう。

9月

お月見のおだんごや秋の実り。おいしい物いっぱいの秋をせいさくあそびで楽しみましょう。以前にしたことがあるあそびを、繰り返し楽しむことで、あそびが広がるといいですね。

準備

- クッション（発泡ポリエチレン）シートや不織布
- 色画用紙

三方を壁にはって用意すると、おだんごが落ちないので、「くっついた」が実感できます。

実践のhint!

クッションシートとは、シート状の緩衝材のことで、ここでは、ミラーマットなどと呼ばれる発泡ポリエチレン製のシートを指しています。100円ショップなどでも購入することができます。

サツマイモスタンプを押してみよう！

ころころおだんご

サツマイモのスタンプを押して、お月見の丸いおだんごに見立てます。三方の上に載ったり、ころころと元気に転がったり、それぞれの自由で楽しいおだんごが押せるといいですね。丸い大きなお月さまも一緒に作って飾りましょう。

9月

実践のhint!

●サツマイモは子どもが握りやすいように細めの物を選び、切り口は平らになるように注意して切りましょう。

●絵の具は濃いめに溶いてガーゼなどにたっぷりと染み込ませ、スチレントレーなどに載せて用意します。

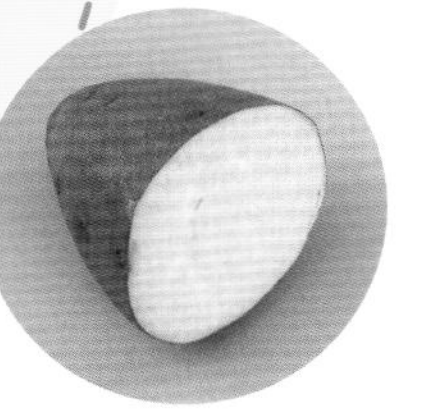

準備

・色画用紙　・丸シール
・サツマイモ　・スタンプ台

おだんごぺたぺた、好きなだけ押せるといいですね。

0歳児 1歳児

指を使って絵の具をつけよう

つぶつぶブドウ

絵の具をつけた手で紙カップを触ってあそびます。つかんだり触ったりした所に色がつくことを楽しみましょう。ぎゅっと握ると紙カップがつぶれてしまうなどの体験も楽しいあそびになります。絵の具だらけの手を口に持っていくのが気になる0歳児は、米粉の指絵の具（35ページ参照）を使うといいでしょう。

実践の hint!

子どもがあそんだ紙カップにカラー工作紙でふたをして、色画用紙の葉っぱをあしらいました。綿ロープなどを通して飾ると、ブドウ棚のように飾れます。

9月

ゆうすけ　ひなこ　ひろと　ゆい　しゅうじ　たまき

準備

- 紙カップ
- スタンプ台
- 色画用紙
- カラー工作紙
- 布リボン

作り方

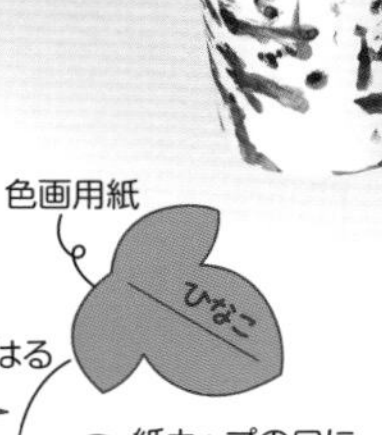

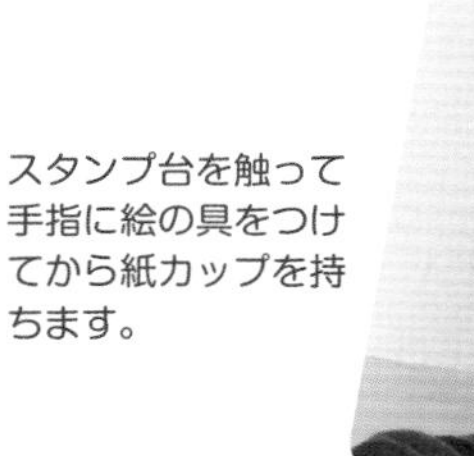

スタンプ台を触って手指に絵の具をつけてから紙カップを持ちます。

はじき絵で作ろう

ぐるぐるブドウ

クレヨンで描いた上から絵の具を塗ってあそびましょう。クレヨンが絵の具をはじいて線が浮き出す様子を楽しめるといいですね。絵の具が濃すぎるとはじきにくくなるので、薄めに溶いて用意するといいでしょう。絵の具が乾いたら、色画用紙の柄や葉っぱをはっても。

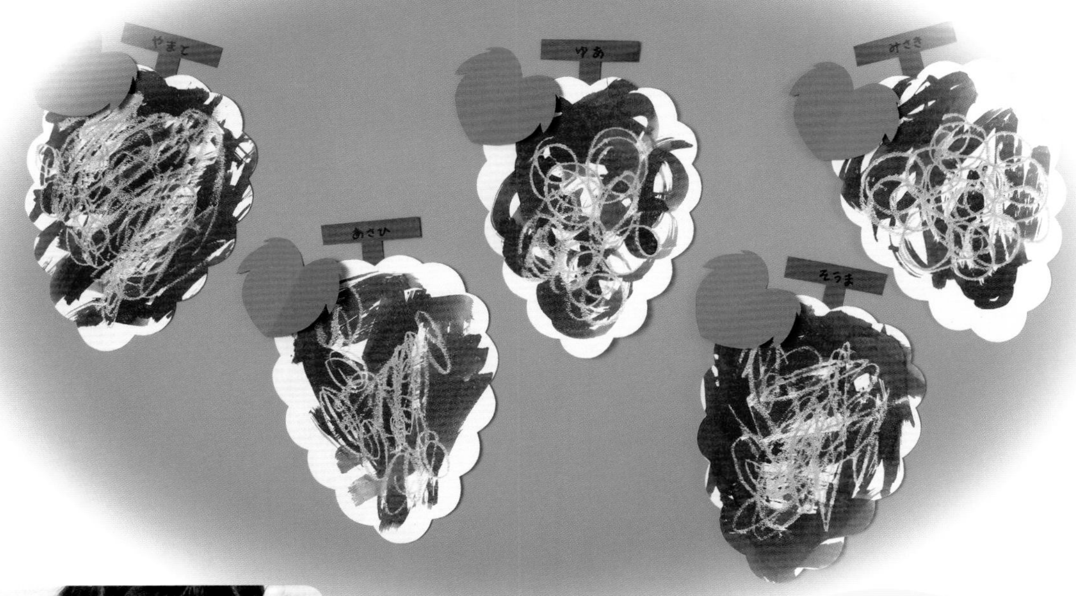

クレヨンの線が出てきたよ！

準備

- 画用紙
- クレヨン
- 絵の具
- 筆
- 色画用紙

実践のhint!

はじき絵は、クレヨンの油分が水で溶いた絵の具をはじく性質を利用した技法です。プラスチックなどにも描けるアクリル系の絵の具は、クレヨンにも載ってしまうので、はじき絵には向きません。子どもたちとあそぶ前に一度試しておきましょう。

紙粘土の型抜きに挑戦

とげとげいがグリ

平らに伸ばした紙粘土に、紙芯で作ったクリの型を押し付けて、形を抜いてあそびましょう。型抜きしたクリはよく乾かしてクレヨンで色を塗り、クレヨンで描くのを楽しんだ色画用紙のいがにはって飾ります。

紙粘土を手のひらでぎゅっと押し付け、平らにしてから型抜きを楽しみます。

準備

- 紙粘土
- 紙芯
- クレヨン
- 色画用紙

実践のhint!

紙芯を4cmくらいの幅で輪切りし、1か所を折ってクリの形にして型を作ります。紙芯が長すぎると、紙粘土を外すときに上から指で押しにくくなるので注意が必要です。

いろいろな野菜でスタンプ

お散歩バッグ

ニンジンやレンコン、ピーマン……。まずは野菜の形や切り口の形を見てみましょう。絵の具をつけてスタンプしたら、どんな形が現れるかな？　好きな野菜と色で押してみましょう。楽しくスタンプした色画用紙は、空き箱に巻いてはり、お散歩バッグに。

実践のhint!

野菜は子どもが持ちやすい大きさに切って用意します。切る前の野菜も用意して、形を比べてみるなどしてもいいですね。

準備

- 色画用紙
- ニンジン、レンコン、ピーマンなどの野菜
- スタンプ台
- ティッシュの空き箱
- 布リボン

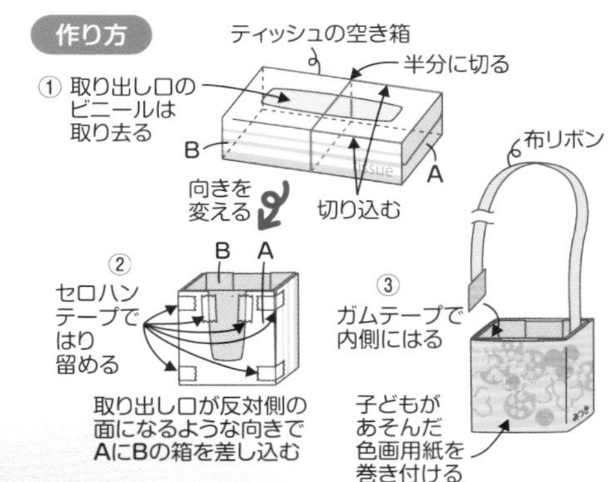

ネット緩衝材のスタンプとシールはりを楽しむ

ぺたぺたキノコ

キノコのかさに軸をはったら、ネット緩衝材を棒状に丸めて作ったスタンプをペタペタ。スタンプの絵の具が乾いたら、丸シールをはるのも楽しみます。

実践のhint!

果物などの傷み防止に使われているネット緩衝材を使ってスタンプを作ります。ネット緩衝材の先端の部分を少し出して紙芯を巻くと押しやすいスタンプになります。保育者が試しに押してみて模様のつき具合を確認しておきましょう。

ネット緩衝材の切り口の、集まった点々模様がおもしろい！

準備

- 色画用紙
- ネット緩衝材のスタンプ
- スタンプ台
- 丸シール

作り方

ネット緩衝材のスタンプ

① ネット緩衝材
丸めて棒状にし、セロハンテープではり留める

②

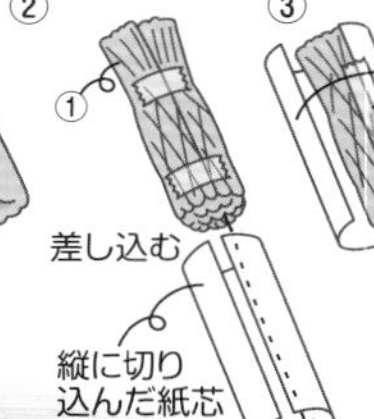

③

④ セロハンテープではり留める
ビニールテープを巻く
直径約3cm

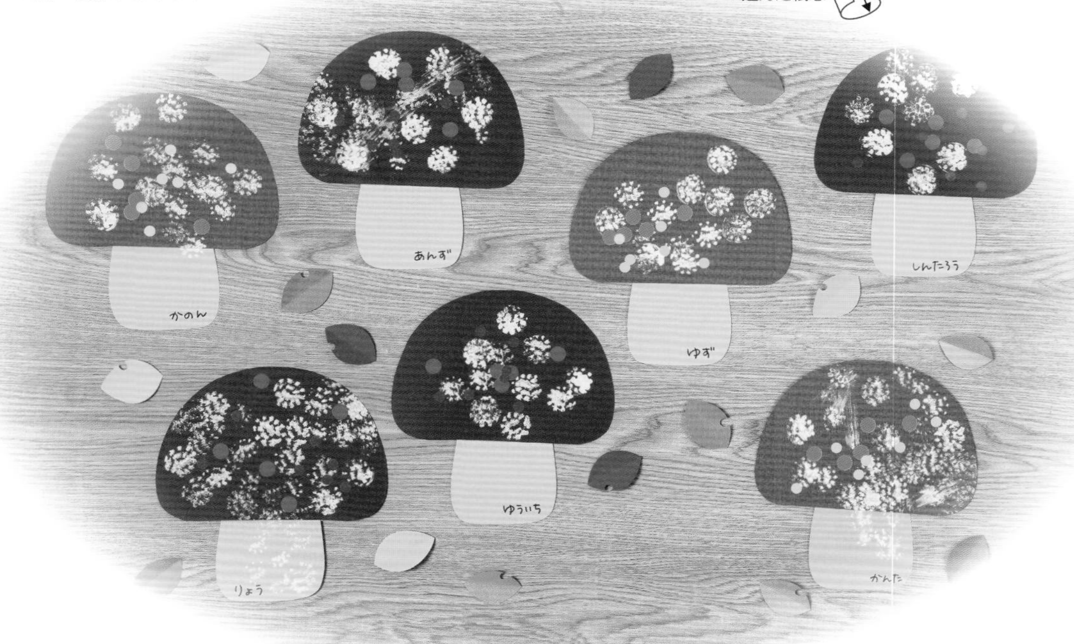

9月

マスキングテープをはって

カラフル模様のキノコ

画用紙のキノコのかさに、いろいろな模様のマスキングテープをはってあそびます。半透明のマスキングテープは、白の画用紙にはると柄が鮮やかに浮き出てきれいです。キノコのかさは、子どもと一緒にちぎってみてもいいですね。

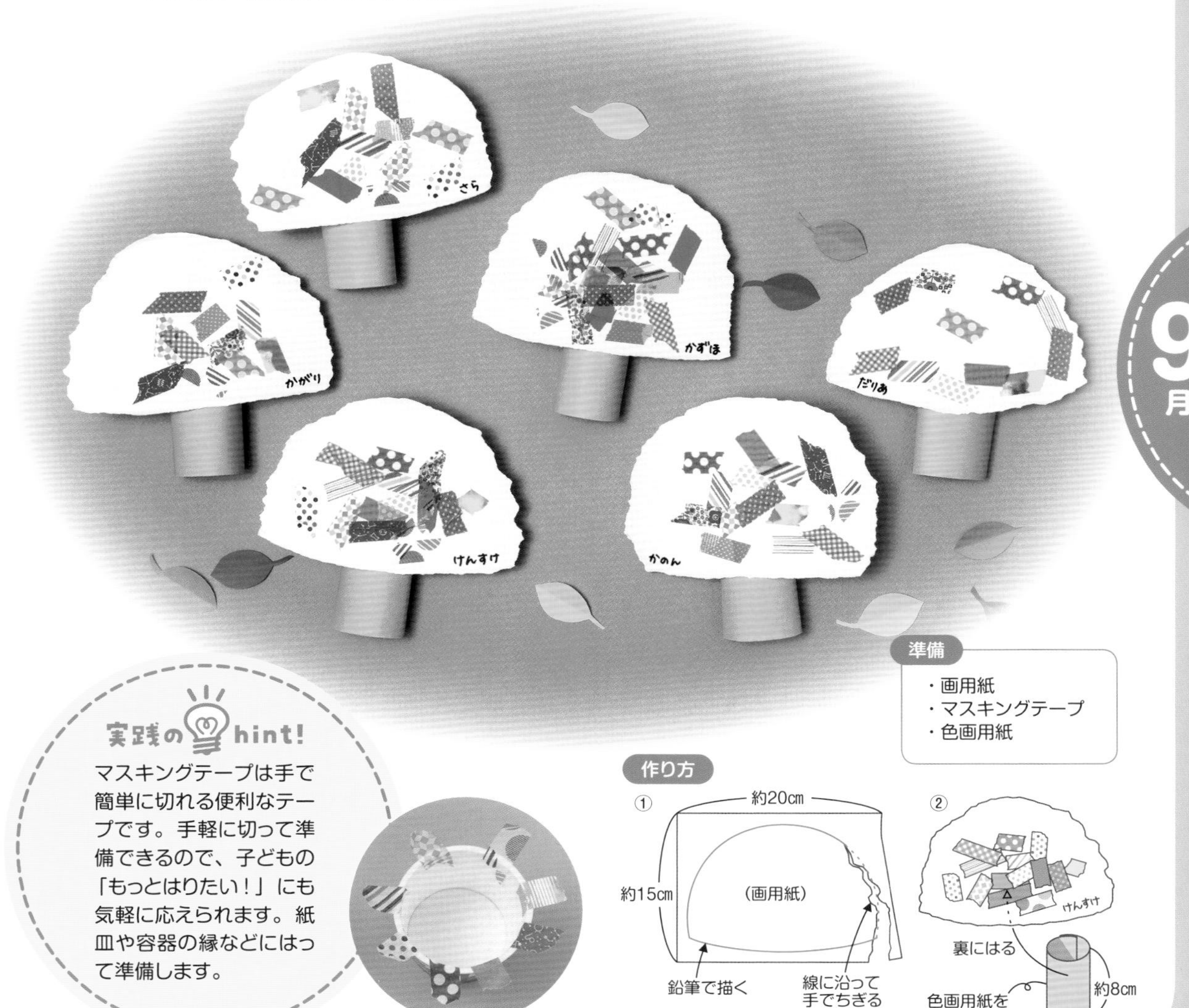

準備

- 画用紙
- マスキングテープ
- 色画用紙

作り方

①
約20㎝
約15㎝
（画用紙）
鉛筆で描く
線に沿って手でちぎる

②
けんすけ
裏にはる
約8㎝
色画用紙を筒状に丸めた物

実践の hint!

マスキングテープは手で簡単に切れる便利なテープです。手軽に切って準備できるので、子どもの「もっとはりたい！」にも気軽に応えられます。紙皿や容器の縁などにはって準備します。

10月

おいしいおイモやカラフルな紅葉、楽しいハロウィン！秋の魅力がギュッと詰まったせいさくあそびに挑戦してみましょう。

しわをつけた色画用紙に描く

ごろごろサツマイモ

色画用紙のサツマイモをくしゃくしゃにしてしわをつけたり、しわのついた所にフェルトペンで描いたりしてあそびます。ペンの引っ掛かりなど、平らな紙に描くのとは違った描き心地を感じて、楽しみましょう。葉っぱや綿ロープのつるをはってもいいですね。

しわをつけた色画用紙を伸ばしてフェルトペン描き、凸凹を楽しみます。

準備

- 色画用紙
- フェルトペン
- 綿ロープ

実践のhint!

みんなのサツマイモは、保育室に張り渡した綿ロープなどにつるして飾りましょう。洗濯ばさみなどで留めると、持ち帰りのときにすぐに外せるので便利です。

丸めた新聞紙に絵の具を塗って

大きなサツマイモ

新聞紙を丸めて作ったおイモに、絵の具で色をつけてあそびます。凸凹した立体に絵の具を塗るのはおもしろい！　細いおイモや太ったおイモなど、個性豊かなおイモができました。

準備

・新聞紙　・絵の具　・筆

実践のhint!

棚や机に土に見立てた布を敷いて、みんなのおイモを並べて飾りましょう。綿ロープでつないで飾っても楽しいですね。みんなで一緒に特大のおイモを作ってみても。

新聞紙1ページを半分に折ってくるくると巻くように丸めています。

2歳児

10月

いろいろな色をたんぽで押す

紅葉の木

たんぽを押したり、こすりつけたり。色がつくのを楽しみます。

赤やオレンジ、緑など、いろいろな色の絵の具をたんぽで押して、色がつくのを楽しみましょう。好きなだけ押したら、用意しておいた木の幹をはります。

作り方 たんぽ

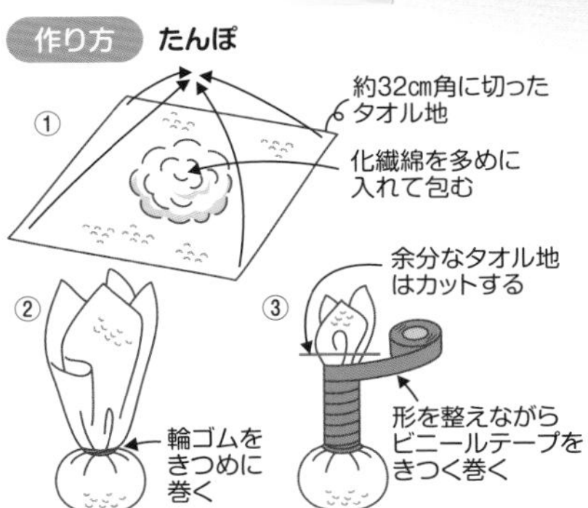

準備

- 色画用紙
- たんぽ
- スタンプ台

実践のhint!

絵の具は少し濃いめに溶いて用意し、タオル地で作ったたんぽの布目が出るようにすると、ニュアンスのある押し跡になります。子どもたちがあそぶ前に、試して押してみるといいですね。

落ち葉に触ってみよう

葉っぱの窓飾り

透明のポリ袋を切り開き、片面に両面テープで落ち葉やセロハンを付けてあそびます。葉っぱやセロハンが重なってしまっても、一部がくっついていれば大丈夫。あそんだ後にもう片面をかぶせてカバーします。窓にはって飾ると光を透過した葉っぱの形やセロハンの色が楽しめます。

準備

- 落ち葉
- 透明のポリ袋
- セロハン

作り方

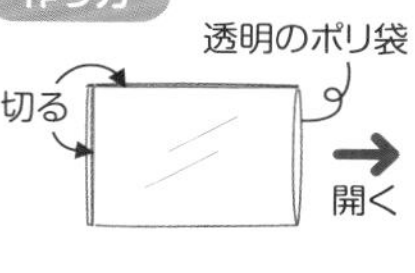

落ち葉は、お散歩や園庭などでみんなで拾った物を使うといいですね。適当な大きさに切ったセロハンと一緒にトレーやお菓子の空き箱などに分けて準備しましょう。

10月

デカルコマニーで作ろう

対称形がおもしろい紅葉の木

２つ折りにした画用紙の片側に絵の具をつけ、折り合わせて色を写し取るあそびです（デカルコマニー）。画用紙を折ったらよ〜くこすって、そっと開いてみましょう。反対側に同じ模様が写っておもしろい！　色画用紙の幹をのりではっても。

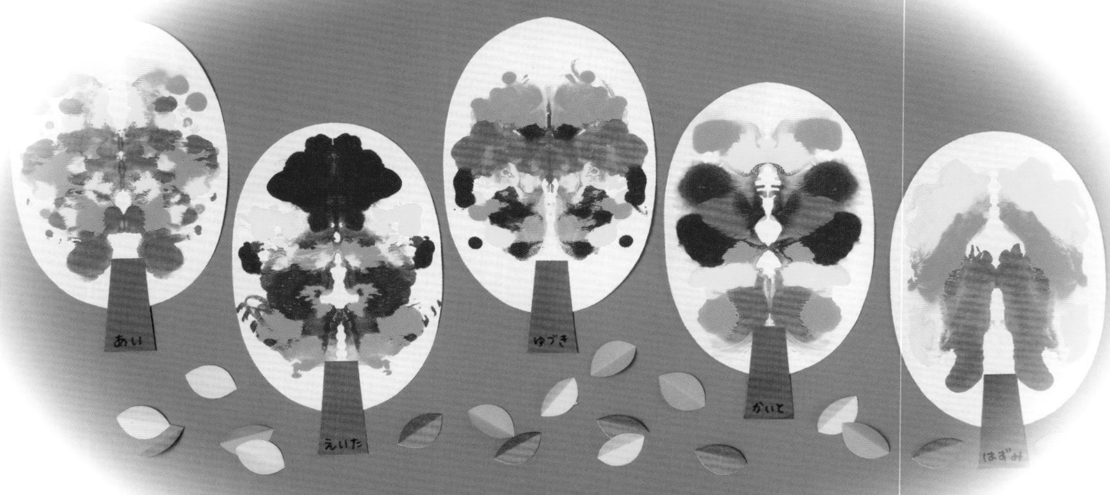

10月

準備

- 画用紙
- 絵の具
- 筆
- 色画用紙

実践のhint!

絵の具は濃いめに、ぽってりとするくらいに溶いて用意します。折り合わせるときに、筆で少量の水をたらすと、絵の具がにじんで混じり合うのも楽しめます。

筆で絵の具をつけ、絵の具を挟んでよくこすってから広げてみます。

マスキングテープで押し葉をはる

おしゃれな紅葉の木

色画用紙で作った木に、フェルトペンで描いたり、マスキングテープを使って押し葉をはったりしてあそびましょう。カラフルな葉っぱでおしゃれした紅葉の木が出来上がります。

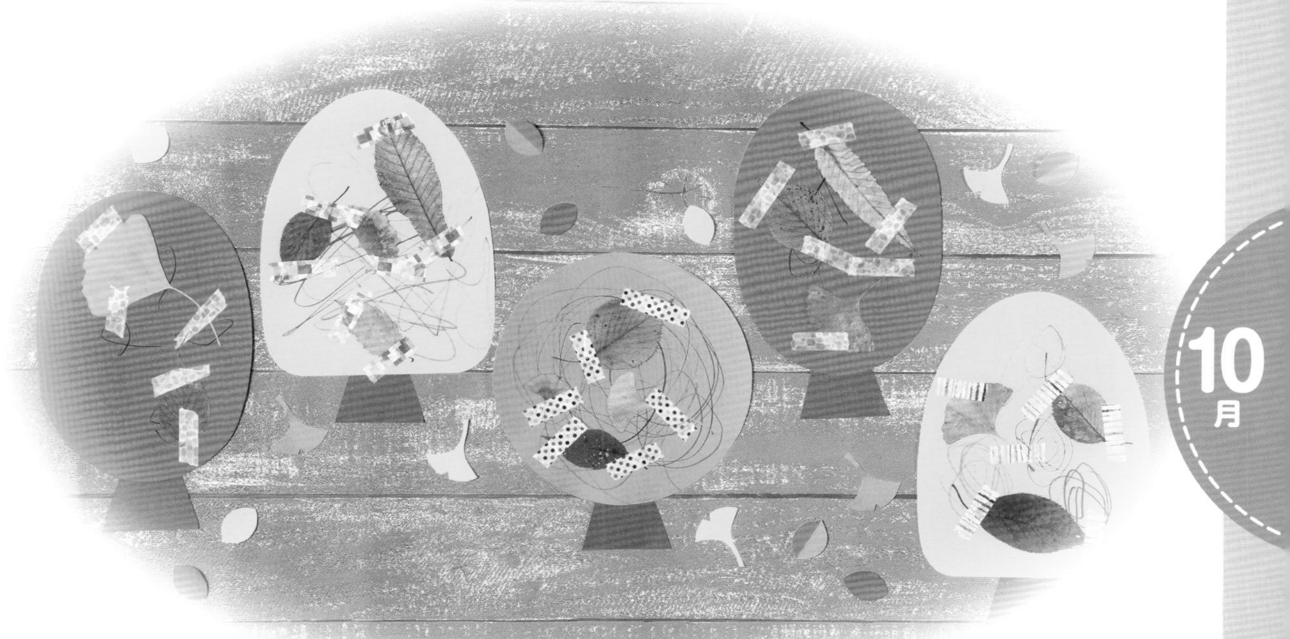

実践のhint!

- 木の台紙は、色や形を変えて用意して、子どもが好きな物を選べるようにするといいですね。
- 子どもたちと拾った落ち葉を押し葉にしてから使います。落ち葉の汚れを落とし、ティッシュや半紙、新聞紙などで挟み、本などの重しを載せて1週間程度おいて作ります。

準備

- 色画用紙
- フェルトペン
- 押し葉
- マスキングテープ

押し葉を色画用紙の木の上に置き、長めに切ったマスキングテープでぺたり。

紙粘土に落ち葉や枝をさして

秋のオブジェ

木の葉はそっと、小枝や木の実はしっかり押し込んで……。気に入った自然物を紙粘土にさしたり、埋め込んだりして楽しみます。粘土が乾いたら、絵の具などで色をつけるのもいいでしょう。

さすと、葉っぱや小枝が紙粘土の中にすっと入っていく感じが気持ちよくておもしろい。

準備

- 紙粘土
- 自然物
  落ち葉や小枝、木の実など
- 絵の具　・筆

- 長すぎる枝は適当な長さに切っておきます。
- 紙粘土が乾くと、付けた物が取れやすくなるので、取れたときは保育者が木工用接着剤で付けておきます。
- 小枝や木の実を扱うときは、しっかり見守りましょう。

絵の具にふれてあそぶ

ハロウィン飾り

色画用紙の上で絵の具を触ってあそびましょう。水で濃いめに溶いた絵の具を色画用紙の上に筆で載せたら、指や手のひらで絵の具を触ったり、伸ばしたり。子どものあそんだ跡が見える、楽しい作品になります。

実践のhint!

子どもたちがあそんだ色画用紙はガーランドにして飾りましょう。小さい三角を間に挟むと変化がついて楽しめます。色画用紙はオレンジや紫、黒などハロウィンをイメージして用意するといいですね。

準備

・色画用紙　・絵の具　・筆

筆を使って数か所に絵の具を載せます。

2歳児

シールはりとクレヨン描きを楽しむ

おばけバッグ

黒い色画用紙にクレヨンで描いたり、丸シールをはったりしてあそびましょう。白い紙に描いたときは目立たない色も、黒い紙だと見えてくることに気がつくかな？　おばけバッグに巻き付けたら、顔の部分に丸シールの目や口をはりましょう。

おばけの顔を指でつまんで持ち上げると、ふたが開きます。

10月

実践のhint!

おばけバッグは紙パックを使って作ります。持ち手も同じ紙パックから切り出して作るので丈夫です。子どもが描いたりはったりした色画用紙の作品を巻いて仕上げます。

準備

- 色画用紙
- 紙パック
- クレヨン
- 丸シール
- タックシール色紙
- ビニールテープ

作り方

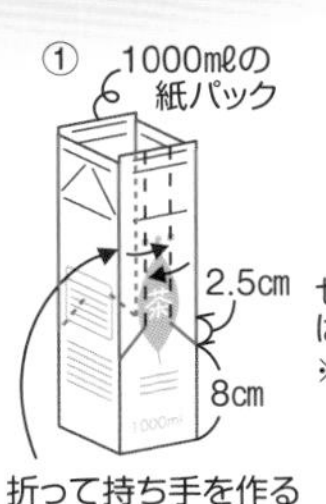

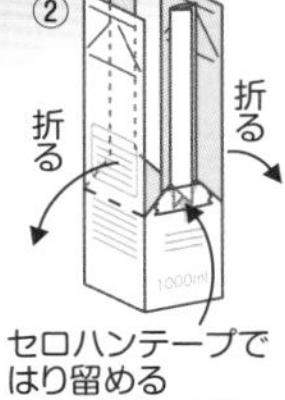

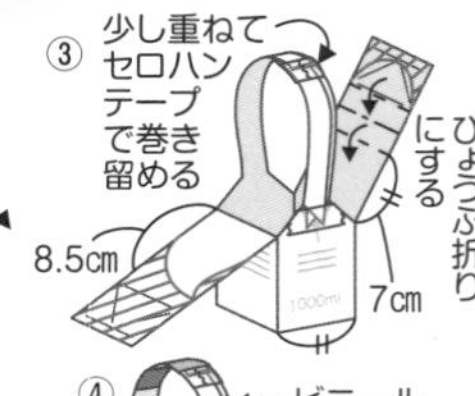

④
ビニールテープをはる
子どもがあそんだ色画用紙を巻き付ける
折った部分をセロハンテープではる

※この後、子どもが目と口、手のシール（タックシール色紙）をはる

── は切り込み線　▨ は切る所

毛糸を穴に通してあそぶ

ハロウィンのクモの巣

カラー工作紙に毛糸を通してあそびましょう。毛糸の端をセロハンテープではってから、穴から穴へ自由に毛糸を通してみましょう。通し終わりもセロハンテープではり留めて。繰り返しあそんで十分楽しんだら、保育者が用意したクモをはって、ハロウィンの楽しい飾りに仕上げます。

実践のhint!

- 毛糸は適当な長さに切って、たくさん用意します。穴に通しやすいように、毛糸の片方の端にセロハンテープを巻いておくといいですね。
- 黒のカラー工作紙は八角形に切って、穴開けパンチで穴を開けて準備します。

準備

- カラー工作紙
- 毛糸
- 色画用紙

作り方

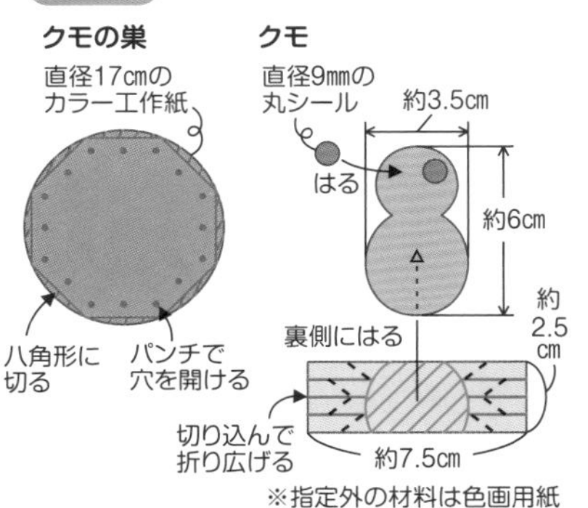

セロハンテープで巻いていない方の毛糸の端を台紙にはってから穴に通し始めます。

11月

本物の葉っぱやマツカサを使ったり、毛糸などあったか素材を使ったりして、ミノムシやリンゴなどを作ってあそびましょう。できることが増えてきた子どもたちに合わせた活動をご紹介します。

袋に落ち葉を詰めて
カサカサミノムシ

紅葉した色とりどりの落ち葉を触って、透明なポリ袋に出し入れしたり、みんなで撒いたりしてあそびましょう。たくさんあそんだ後は、袋に詰めて、紙芯で作った顔を付けてミノムシを作りました。

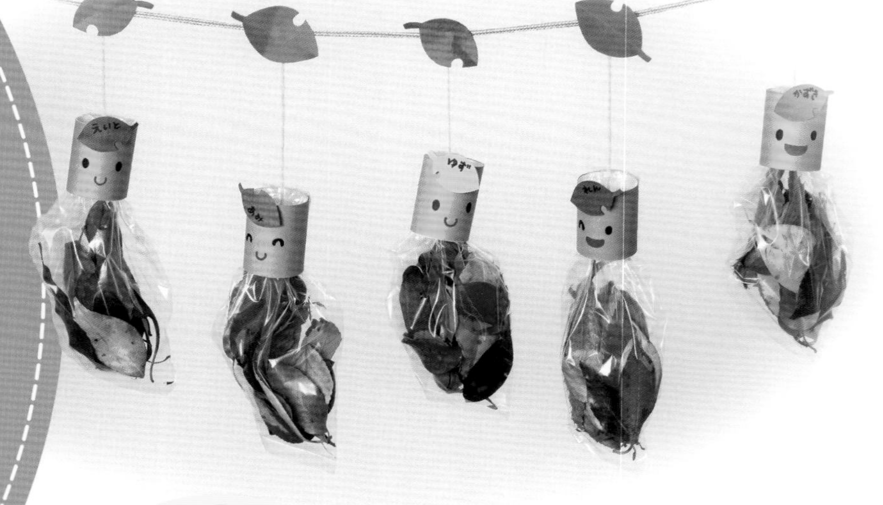

実践のhint!

- 落ち葉は、子どもたちと一緒に拾って、汚れや危険な虫などがついていないか、事前に確認しておきます。
- ポリ袋は子どもがかぶってあそべない小さいサイズを選びましょう。

ポリ袋の上から、詰めた落ち葉を触ってみるのもいいでしょう。カサカサと落ち葉の音が聞こえるかな。

準備

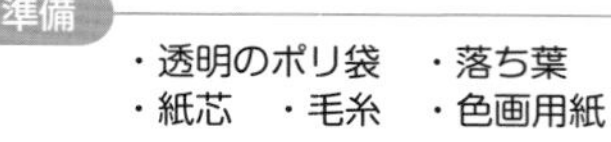

・透明のポリ袋　・落ち葉
・紙芯　・毛糸　・色画用紙

作り方

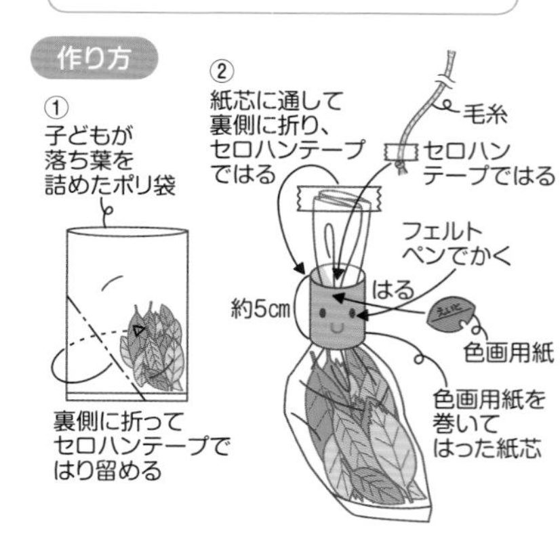

毛糸を巻いてあそぶ

巻き巻きミノムシ

片段ボールにクレヨンで、凸凹な所に描くことを楽しんだら、カラフルな毛糸を巻き付けてあそびます。クレヨンで描いた顔をはってミノムシを作りましょう。

実践のhint!

片段ボールは、折れにくくするために2枚はり合わせておくと子どもにも扱いやすい硬さになります。毛糸を巻くときに引っ掛けられるように、数か所切り込みを入れておきましょう。子どもが好きな色を選べるように数色用意するといいですね。

準備

・片段ボール　・毛糸
・色画用紙　・クレヨン

作り方

① 両面テープで片段ボールの体2枚の間に挟んではる

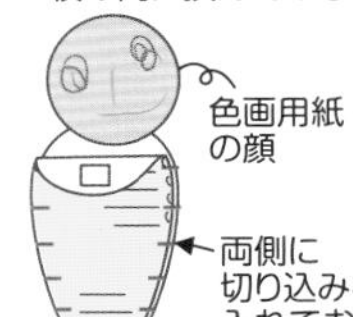

② 裏にセロハンテープではる

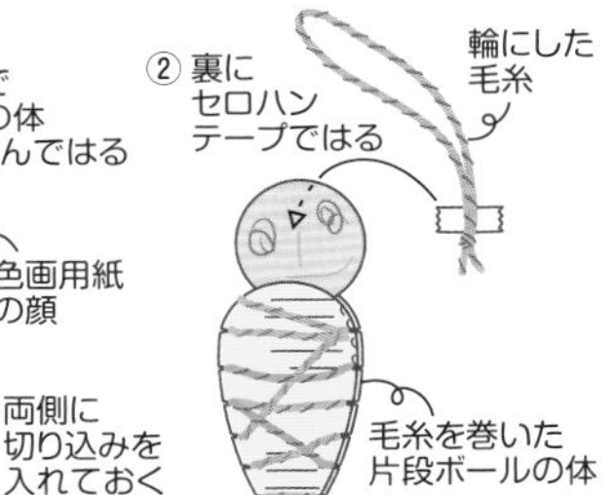

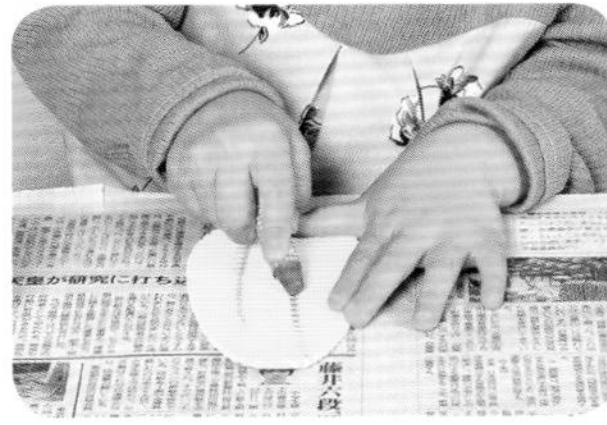

クレヨン描きをした後は、好きな色の毛糸を選んで巻き巻き。

マツカサに紙粘土を付けて

ゆ～らりミノムシ

マツカサの開いたかさの間に、紙粘土を付けてあそびましょう。好きなだけ付けたらよく乾かして、丸めた紙粘土の顔を付けてミノムシに見立てました。フェルトペンで色をつけ、カラフルに仕上げましょう。

準備

- マツカサ
- 紙粘土
- フェルトペン
- 毛糸

① 丸めた紙粘土が乾燥したら、フェルトペンで描く

たっぷり木工用接着剤を付けてはる

紙粘土を付けてあそんだマツカサ

② 1回巻き付けて結ぶ

毛糸

巻き付けた後、反対側にも結び付けて輪を作る

①のマツカサに色をつけた物

実践のhint!

出来上がったミノムシは枝につるして飾ると楽しいですね。植木鉢などにさして木に見立てると、いつもと違った雰囲気の飾りになります。

開いたかさの間に、紙粘土を押し込むようにして付けます。

スポンジのスタンプを楽しむ

鮮やかリンゴ

小さいサイズのペットボトルにスポンジを付けたスタンプで、画用紙に色をつけてあそびましょう。スポンジが絵の具を吸っているので、しっかりと色がつきます。スタンプを楽しんだ後は、丸く切り出して色画用紙の軸をはってリンゴに見立てます。

たくさん押して楽しみます。

11月

準備

- スポンジスタンプ
- スタンプ台
- 画用紙
- 色画用紙

作り方

スポンジスタンプ

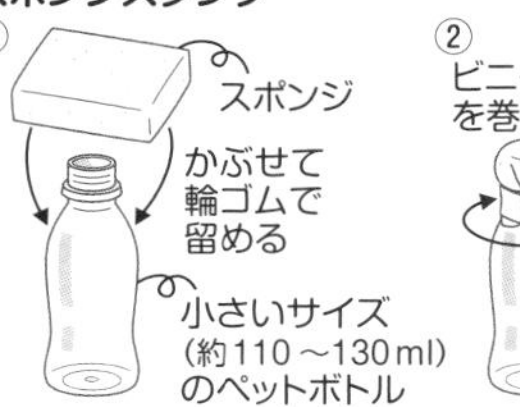

実践のhint!

スポンジスタンプは、小さいサイズのペットボトルの口にスポンジをかぶせて作ります。絵の具の色ごとにスタンプを用意しておきましょう。

毛糸をのりではろう

もこもこリンゴ

丸い色画用紙にでんぷんのりをたっぷり塗って、好きな色の毛糸をはりつけてあそびます。毛糸を少しずつすき間なくはったり、たっぷり載せて押さえたり。子どもたちの個性あふれたリンゴが出来上がります。

準備
・色画用紙　・毛糸

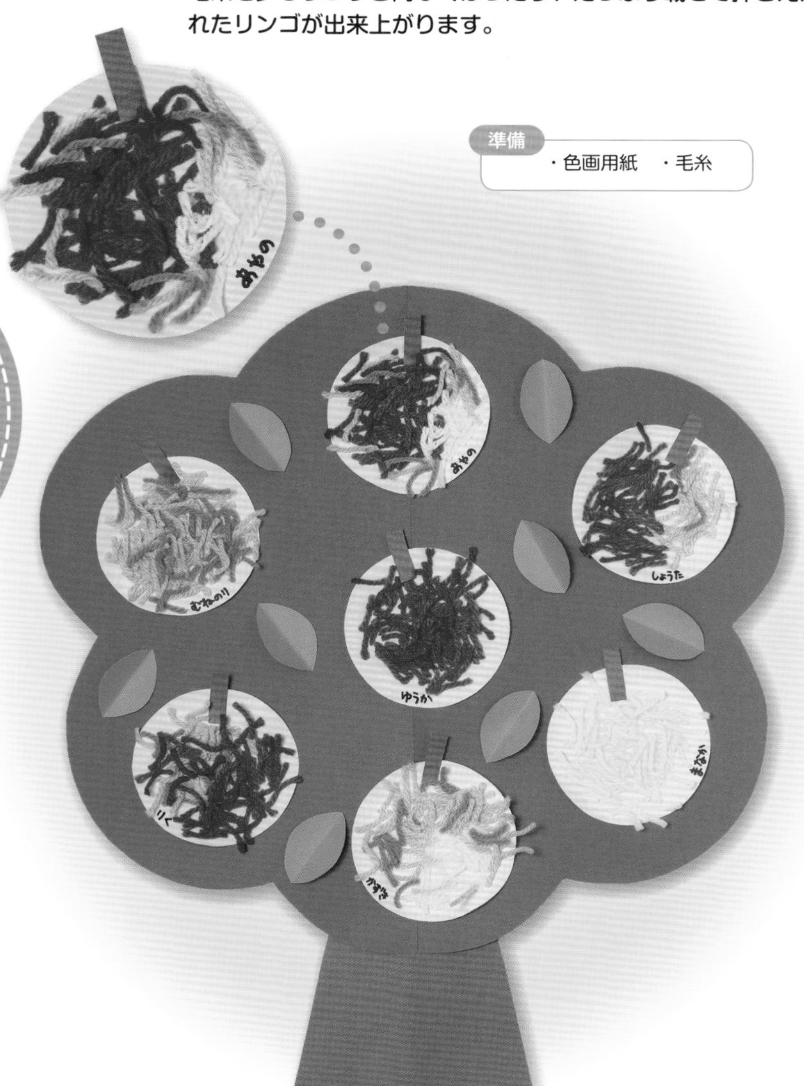

好きな色の毛糸をつまんで載せて、しっかりと押し付けます。

赤や黄色、緑色系のリンゴらしい色の毛糸を適当な長さに切って用意します。紙パックなどを切った容器に色ごとに分けておくと、好きな物が選びやすいでしょう。

11月

ローラーを使って絵の具あそび

つめつめリンゴ

広げた新聞紙に絵の具をつけたローラーを転がしてあそびましょう。大胆な色づけの楽しさを十分に味わえるといいですね。色をつけた新聞紙は、丸めたり、破いたりしてポリ袋に詰め、リンゴにしてみましょう。

床にブルーシートやレジャーシートを敷いてダイナミックにあそべる準備をしましょう。ローラーは子どもが持ちやすい、持ち手が短めの物を選ぶといいでしょう。絵の具は平らな容器に出しておきます。

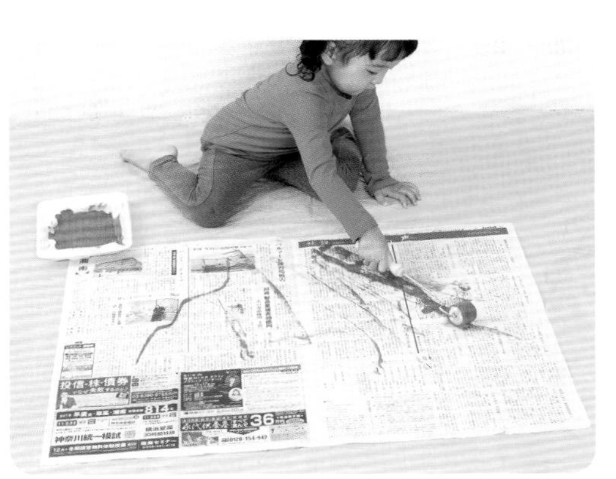

準備

- 新聞紙　・ローラー
- 透明のポリ袋
- 絵の具
- ビニールテープ

作り方

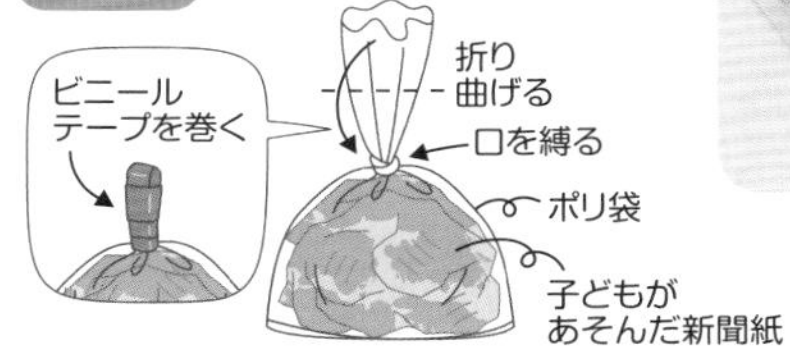

11月

毛糸や羊毛を袋に詰めて

ふわふわ飾り

毛糸や羊毛の感触を楽しんで、袋から出したり入れたり、たくさん触ってあそびましょう。お気に入りの感触や好きな色が見つかるかな？いろいろな色がたくさん詰まった袋や、好きな色だけが詰まった袋など、さまざまな飾りが出来上がります。2歳児はお店屋さんごっこも楽しめますね。

12月

温かな羊毛や毛糸を使ったあそびや、クリスマスを楽しみにできるようなツリーやリースのせいさくあそびなどをご紹介します。一緒に作って、冬の保育室を明るく飾れるといいですね！

あそんだ後のポリ袋は、布リボンの持ち手を付けてつるして飾りました。かわいいバッグが並んだ様子がすてきです。

- 透明のポリ袋
  小さいサイズを用意
- 毛糸　・羊毛
- 布リボン

実践のhint!

羊毛は子どもが扱いやすい大きさに、毛糸は色や太さもさまざまな物を適当な長さに切って用意しましょう。色や種類ごとに分けて容器に入れて準備するとあそびやすいでしょう。

毛糸を巻いたり、ほどいたり

カラフル糸巻き

厚紙で作った糸巻きに毛糸の端をセロハンテープで留めてから、巻き付けたり、ほどいたりしてあそびましょう。巻き付けた毛糸の端を持って糸巻きを離すと、毛糸がほどけながら、くるくると回って落ちるのがおもしろい！

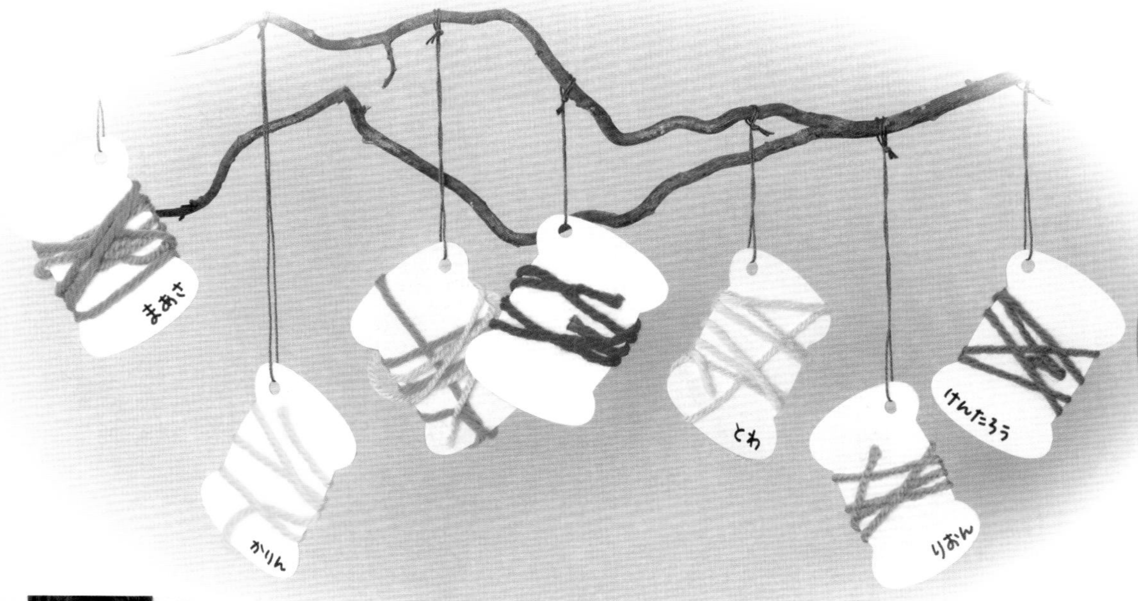

12月

毛糸を巻いたら糸巻きを離してほどける様子を楽しみます。

準備

- 毛糸
  適当な長さに切っておく
- 厚紙の糸巻き

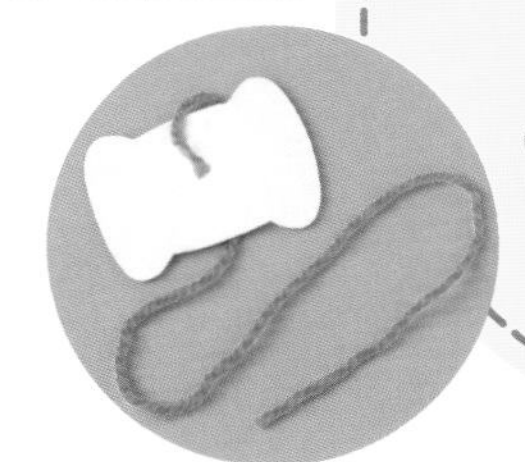

実践のhint!

- 毛糸を巻く糸巻きの大きさは、子どもたちの様子を見て調節しましょう。巻きやすい大きさにできるといいですね。
- 子どもたちが巻いてあそんだ糸巻きは、端に穴を開け、糸を通してつるして飾りましょう。

色紙をのりではり重ねる

ビビッドカラーのポインセチア

三角に切った色紙をのりではり重ねてあそびます。三角形のずれに個性が出て、いろいろな形のすてきなポインセチアになります。三角のはり重ねを十分に楽しんだら、丸シールをはり、植木鉢にはりました。

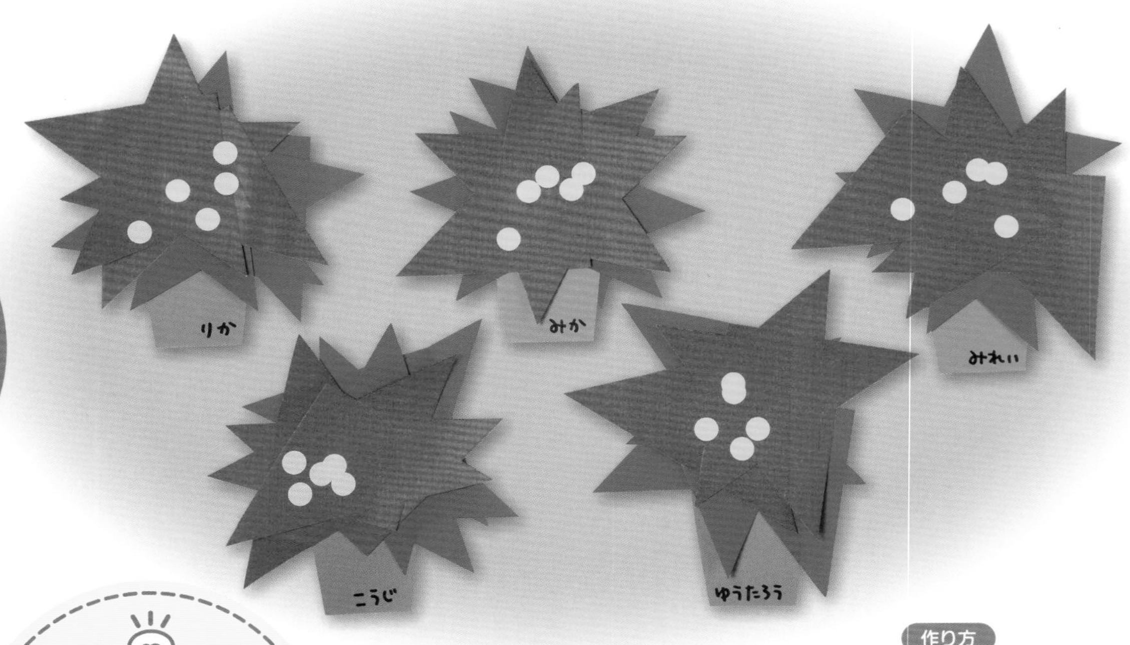

12月

実践のhint!

15cm角の色紙を対角線で切って4等分します。緑と赤の色紙を用意し、はり重ねる順番や枚数は、子どもの好きなやり方に任せましょう。

色紙の上にのりを塗ったら、色紙を重ねてはります。のりを塗った部分が見えているので、はりやすいようです。

準備
- 色紙
  赤と緑の2色用意する
- 丸シール
- 色画用紙

作り方

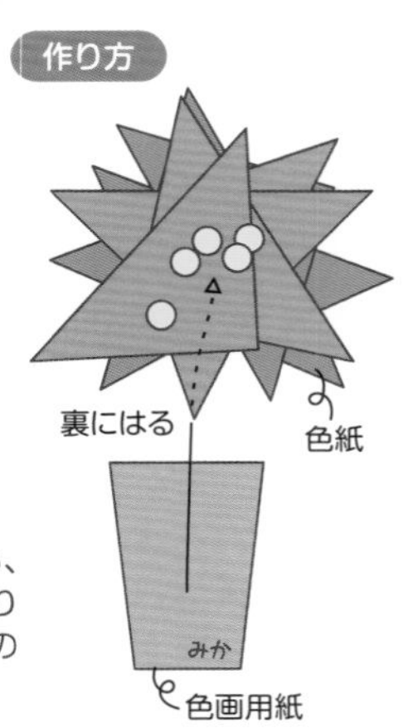

1歳児 2歳児

ポリ袋を輪にしてシールはりを楽しむ

クリスマスリース

包装用など、厚さや質感もさまざまなポリ袋の感触を楽しんであそびましょう。ポリ袋は底を切り取って、手を入れてクシュクシュと丸め、輪にします。リースの形ができたら、丸シールやきらきら光るホログラムテープなどをはって飾ってみましょう。

ポリ袋の感触や触ったときの音を楽しみます。

12月

実践のhint!

- ポリ袋は底の部分を切り取って用意します。色や模様がついた物など、いろいろあると楽しいでしょう。
- 飾るときは、保育者が布リボンを結んでアクセントに。

準備

- ・ポリ袋　・丸シール
- ・ホログラムテープ
  子どもが扱いやすい長さに切り、シールのはくり紙などにはって用意
- ・布リボン

ペットボトルを振って色をつける

シャカシャカツリー

ペットボトルに絵の具を含ませたボン天を入れ、ふたをして振り、ボトルに色がつくのを楽しみます。星の形に切った色画用紙をはって、クリスマスツリーに仕立てます。

ペットボトルを動かすと、中に入れたボン天の転がった軌跡が模様になって残ります。

12月

準備

- ペットボトル（約350～500ml）
- ボン天
- 工作用の絵の具
- 色画用紙

作り方

実践のhint!

絵の具は、ペットボトルにも塗れる工作用の絵の具やアクリル絵の具を選びます。ボン天にたっぷりと含ませてからペットボトルの中に入れて準備します。

紙カップにちぎった色紙をはる

はりはりオーナメント

色紙をちぎったり、ちぎった色紙にのりを付けて紙カップにはったりしてあそびます。紙カップを手で押さえるなど、工夫しながら色紙をはるのを楽しみます。ツリーのオーナメントにして飾ってもいいですね。

実践のhint!

色紙は色や柄のついた物など、いろいろ用意して、子どもが好きな物を選べるようにしておきましょう。

準備

・色紙　・紙カップ
・丸シール　・色画用紙

ビリビリちぎって、いろいろな形ができるのもおもしろい！

シールはりと糸巻きを楽しむ

くるくるこま

段ボール板のこまに丸シールをはって楽しんだら、毛糸をはって、巻き付けたり、ほどいたりしてあそびましょう。丸シールも毛糸も好きな色を選んであそべるといいですね。

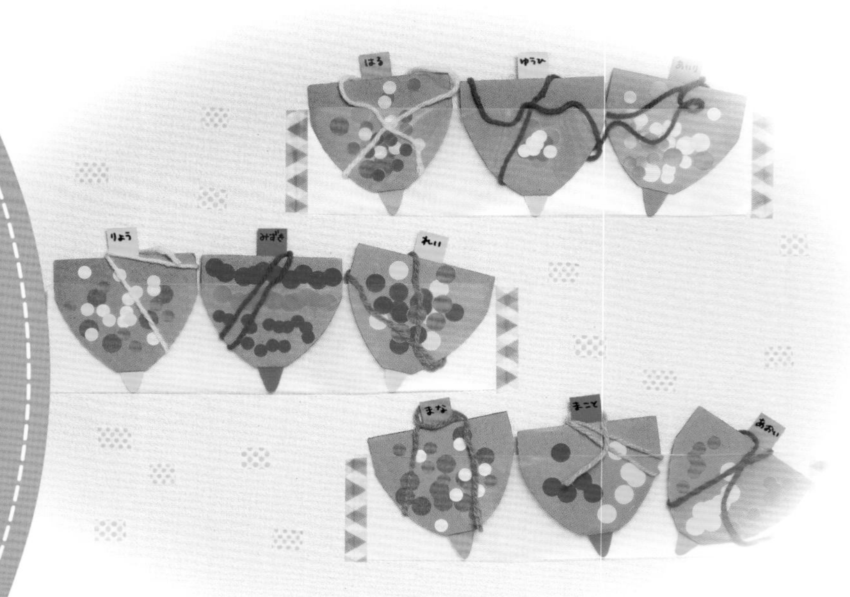

準備

- 段ボール板
- カラー工作紙
- 丸シール
- 毛糸　35cmくらい
- クリアホルダー

作り方

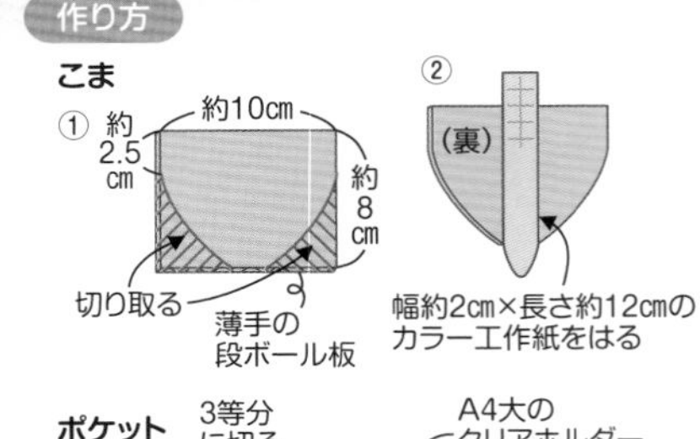

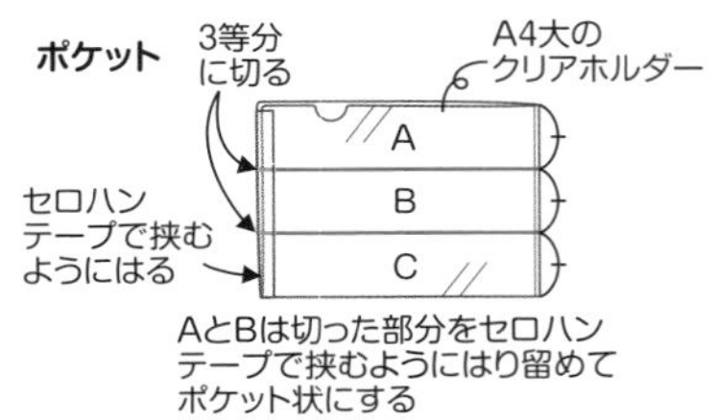

1月

雪や節分を楽しむあそびなど、この時期ならではのモチーフを取り入れて、お部屋でじっくりあそんでみましょう。行事への期待感もふくらむといいですね。

実践のhint!

こまは作った後も手に取ってあそべるように、子どもの手の届く所に飾りましょう。クリアホルダーを使って、収納しながら飾れるポケットを作りました。

きらきらのテープをはる

雪の結晶こま

紙パックで作った雪の結晶に、ホログラムテープや丸シールをはったり、クレヨンで描いたりした自分だけのこま。あそばないときは洗濯ばさみでリボンに留めて壁飾りに。

実践のhint!

紙パックの１面を半分の幅に切った物を３枚重ねて雪の結晶を作ります。角は丸く切り落としておきましょう。子どもが作ってあそんだ後に、中心にビーズなどをセロハンテープでしっかりとはり留めると、よく回るこまになります。

準備

- ・紙パック
- ・ホログラムテープ
- ・丸シール
- ・クレヨン
- ・ビーズ

作り方

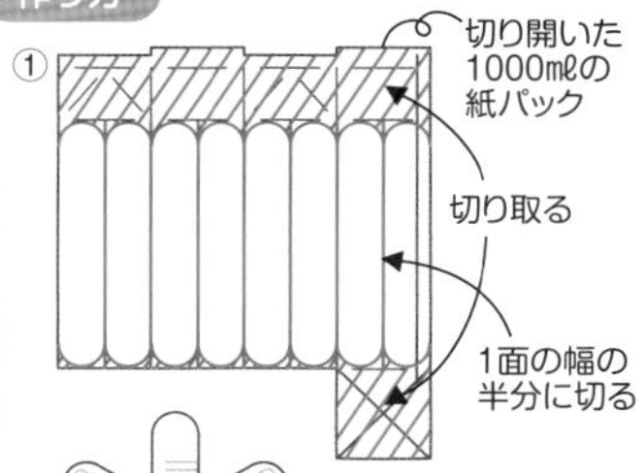

雪の結晶の羽根の部分を、手で払うようにして回します。

1月

柔らかなクッキングペーパーに触る

ふわふわ雪だるま

クッキングペーパーの伸縮性のある柔らかな感触を楽しんであそびます。引っ張ってちぎったり、たくさんちぎって降らせてみたり。楽しんだ後はポリ袋に詰めて雪だるまに。好きな色の毛糸で結びます。

クッキングペーパーはふわふわのフェルトタイプの物を選ぶと、柔らかな手触りを楽しめます。クッキングペーパーを入れたポリ袋の口をセロハンテープで閉じ、毛糸を結んで雪だるまに仕上げます。

1月

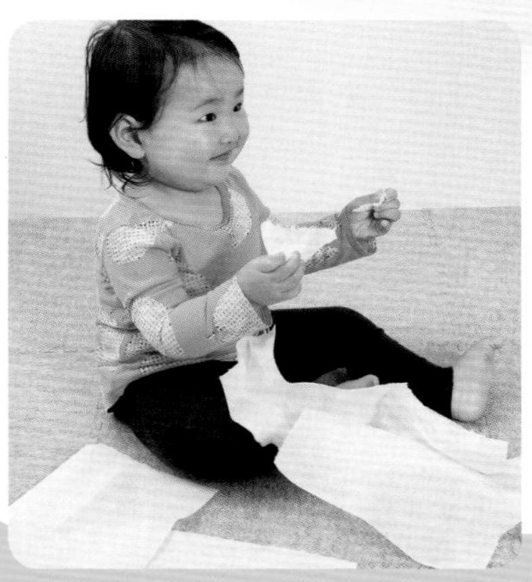

引っ張ると伸びるようにしてちぎれる、普通の紙とはちょっと違った破り心地も楽しい。

準備

- クッキングペーパー フェルトタイプ
- 透明のポリ袋
- 毛糸
- 色画用紙

作り方

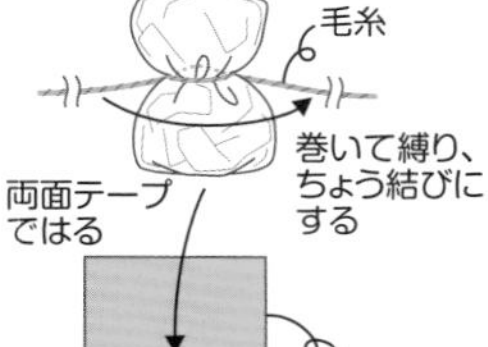

紙粘土を色画用紙にくっつける

こねこね雪だるま

こねたりちぎったりした紙粘土を、雪だるまの形に切った色画用紙にくっつけてあそびます。粘土であそんだ後に、よく乾かしたら、丸シールをはったり、色画用紙をのりではったりしてみましょう。

1月

実践のhint!

紙粘土は少量の水を足してこね、柔らかい状態にしておくと、あそびやすくなります。紙粘土がはがれてしまったときは、保育者がはってフォローします。

準備

・紙粘土　・色画用紙
・丸シール

丸シールや色画用紙で目や手袋を付けます。

0歳児 1歳児 2歳児

紙粘土を触って握って

ツバキの花

絵の具を混ぜて着色した紙粘土をこねたり、ぎゅっと握ったりして感触や弾力を感じてあそびましょう。0・1歳児の活動では、保育者が絵の具を練り込むか、カラー紙粘土、カラー米粉粘土を使うといいでしょう。2歳児は、自分で絵の具を練り込んでも。

準備

- 紙粘土　・絵の具
- フラワー紙
  1/4サイズに切っておく
- 色画用紙

実践のhint!

色画用紙を葉っぱの形に切って、子どもたちのあそんだ紙粘土を載せてツバキの花に見立てます。空き箱などに並べて飾ると、和の雰囲気のすてきな飾りになりますね。

フラワー紙を丸めて、指で粘土にぎゅうっと押し込みます。

1月

紙皿に丸めたフラワー紙をはって

ツバキの壁飾り

紙皿にクレヨンで描くのを楽しみます。平らな部分や凸凹した部分など、描き心地の違いを感じましょう。フラワー紙や色画用紙ののりばりと、丸シールはりも楽しみます。

紙皿の凸凹した部分にクレヨンで描くと、カタカタ音がしておもしろい！

準備

- 紙皿　・クレヨン
- フラワー紙　赤やピンクを用意
- 色画用紙　・丸シール

実践のhint!

紙皿にリボンを付けて、壁掛け用のループを作ります。保育室に飾るときはマスキングテープではると、お持ち帰りのときにも簡単に外せて便利です。

1月

たんぽ押しを楽しむ

おにの帽子

障子紙にたんぽを押してあそびます。この時期なら、0歳児もたんぽ押しを十分楽しめる子が多くなっているでしょう。2歳児は、それぞれの個性が表れた表現が楽しい作品になります。保育者が一緒に帽子に仕立てて節分の行事を楽しみましょう。

帽子の後ろ側はカラー工作紙の帯に輪ゴムや平ゴムを付けて、かぶりやすくしています。

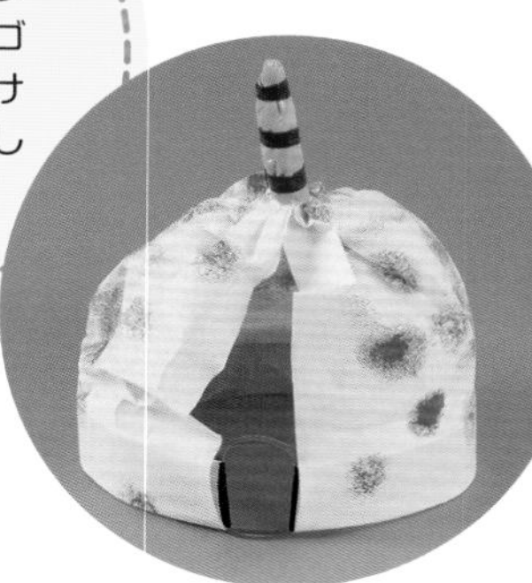

準備

・障子紙　・たんぽ
・スタンプ台　・カラー工作紙
・ビニールテープ　・輪ゴム

作り方

たんぽ

① 中央に化繊綿を丸めて置き、包んで輪ゴムで留める

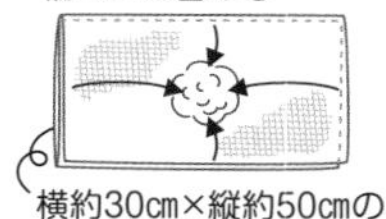

横約30cm×縦約50cmのガーゼを縦に3つ折りにした物

②

半分に折る

輪ゴム

③

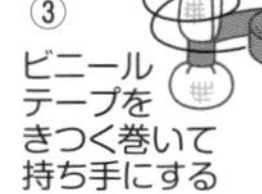

ビニールテープをきつく巻いて持ち手にする

おにさん帽子

①

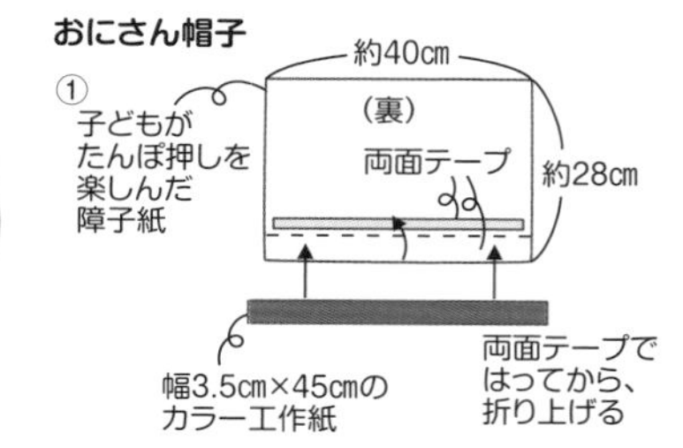

子どもがたんぽ押しを楽しんだ障子紙

幅3.5cm×45cmのカラー工作紙

両面テープではってから、折り上げる

② （後ろ側）

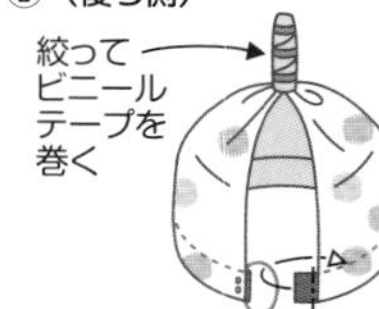

絞ってビニールテープを巻く

輪ゴムを通して折り、両面テープではり留める

0歳児　1歳児　2歳児

フラワー紙を丸めてはる
おにの角お面

カラー工作紙で作った角に、丸めたフラワー紙をはったり、丸シールをはったりして、カラフルに飾ってあそびましょう。のりはりを経験している子どもたちなら、フラワー紙はのりではってもいいでしょう。

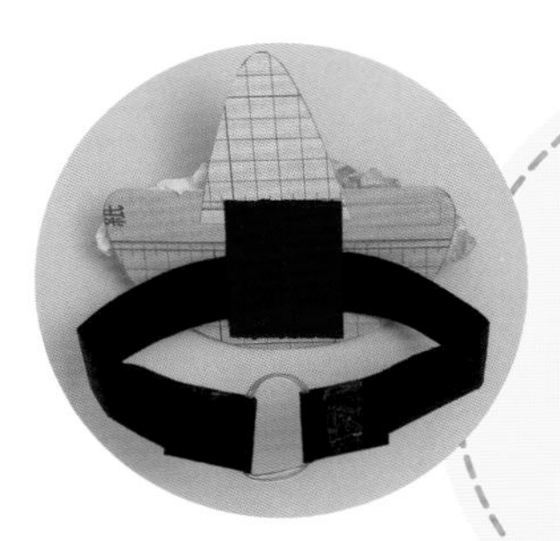

実践の hint!
子どもたちがいろいろはってあそんだ後に、カラー工作紙の角の裏側に色画用紙の帯をはって、お面に仕立てます。節分にみんなでかぶって楽しんでもいいですね。

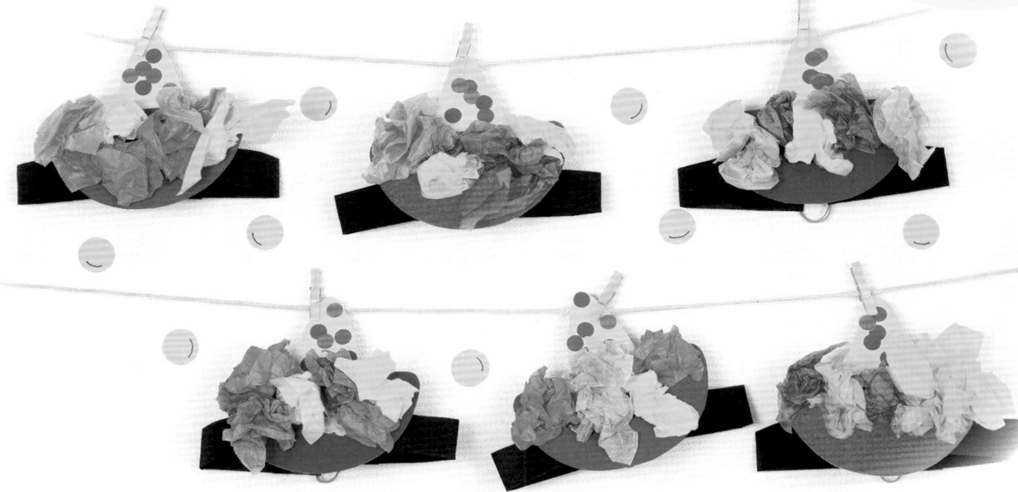

1月

準備

- カラー工作紙
  両面テープをはっておく
- 丸シール
- フラワー紙
  1/2サイズに切っておく
- 色画用紙
- 輪ゴム

作り方

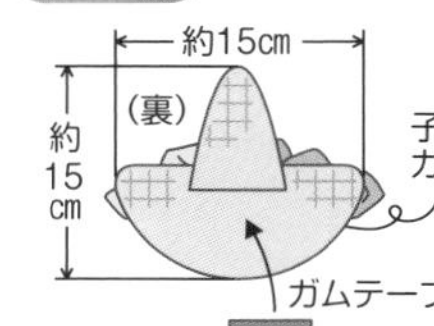

※針先はセロハンテープをはってカバーする

ネット緩衝材のスタンプを押す

ぺったん豆入れ

ネット緩衝材のスタンプを押して絵の具の跡をつけて楽しみましょう。模様がおもしろいスタンプです。絵の具が乾いたら、クレヨンや丸シールを使って表情をつけ、布リボンの持ち手をはって、ポリ袋に入れましょう。

準備

- 色画用紙
- ネット緩衝材のスタンプ
- スタンプ台
- クレヨン
- 丸シール
- チャック付きポリ袋
- 布リボン

実践の hint!

スタンプはネット緩衝材を少し広げ、小さいサイズのペットボトルの底にかぶせてビニールテープで巻き留めて作ります。少し濃いめに溶いた絵の具のスタンプ台を用意します。

1月

綿棒を使って描く

おにさん豆入れ

綿棒を使って描くことに挑戦します。綿棒が絵の具を吸って色画用紙に付ける跡は、クレヨンや筆で描くのとはまた違った感じ。絵の具が乾いたら、空き箱に巻きつけてフェルトペンで顔を描いたり、角や髪をのりではったりして、おにさんデザインの豆入れを作りましょう。

実践のhint!

子どもが作ったおにに、布リボンを付けて肩から掛けられるように仕上げます。肩ひもの布リボンはセロハンテープで留め、引っ張ったとき、すぐに外れるように作りましょう。

準備

- 色画用紙
  幅約5cm × 長さ約38cm
- 色紙を巻いた空き箱
  ティッシュボックスを半分に切って作る
- 絵の具　・綿棒
- フェルトペン
- 色画用紙の角と髪
- 布リボン

綿棒に絵の具をつけて、細長い色画用紙に描いてみます。

1月

1歳児 2歳児

色紙や色画用紙を丸めたり、破いたりしてはる

くしゅくしゅヒヤシンス

丸めたり、破いたりした色紙を、紙芯にはってあそびます。くしゅっと丸めてはった色紙を早春に咲くヒヤシンスに見立てました。破いた色画用紙の葉っぱは、のりではりましょう。

2月

ヒヤシンスやおひなさまなど、春を感じるモチーフでせいさくあそび。子どもたちにできることもどんどん増えて、あそびもいろいろと広がります。

丸めた色紙を手のひらに載せて、指でギュッと小さくしています。

実践のhint!

紙芯は上半分に両面テープをはって、丸めた色紙がはれるようにして用意しましょう。葉っぱ用の色画用紙には縦目に沿って切り込みを入れ、破りやすくしておいてもいいでしょう。

準備

- 紙芯
- 色紙
  15cm角の色紙を1/4に切り、さまざまな色を用意
- 色画用紙

作り方

①

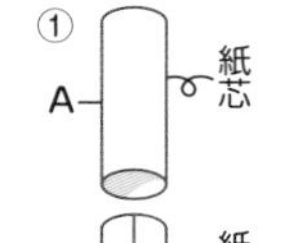

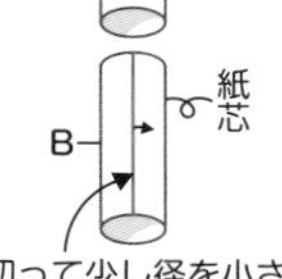

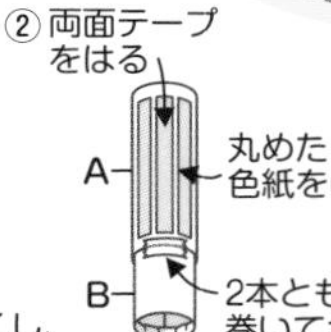

紙テープを切ってはる

パチンとヒヤシンス

はさみを使って紙テープをパチンと1回で切ります。切った紙テープにのりを付けて紙カップにはり、ヒヤシンスを作りましょう。一緒に丸シールもはって花をたくさん咲かせます。

準備

・紙テープ　・はさみ
・紙カップ　・紙芯
・色紙　・丸シール

作り方

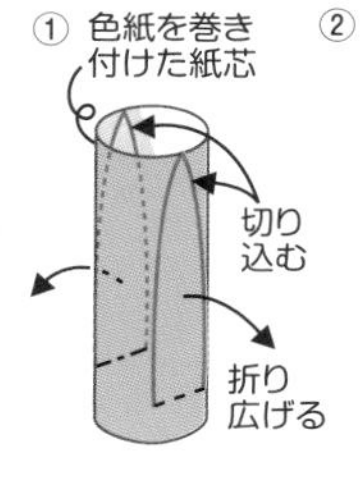

はさみを持って慎重に切っています。

実践の hint!

はじめてのはさみは、一度動かすだけの1回切りから挑戦してみましょう。子どもがはさみを扱うときは、しっかりと見守り、事故のないように注意を払います。

2月

0歳児  

紙粘土をこねて

ぎゅぎゅっとヒツジさん

紙粘土の感触を楽しんで、こねたり、握ったり。子どもたちが握って指の跡のついた形をそのまま乾かして、ヒツジに見立てました。モビールにして飾ってみましょう。

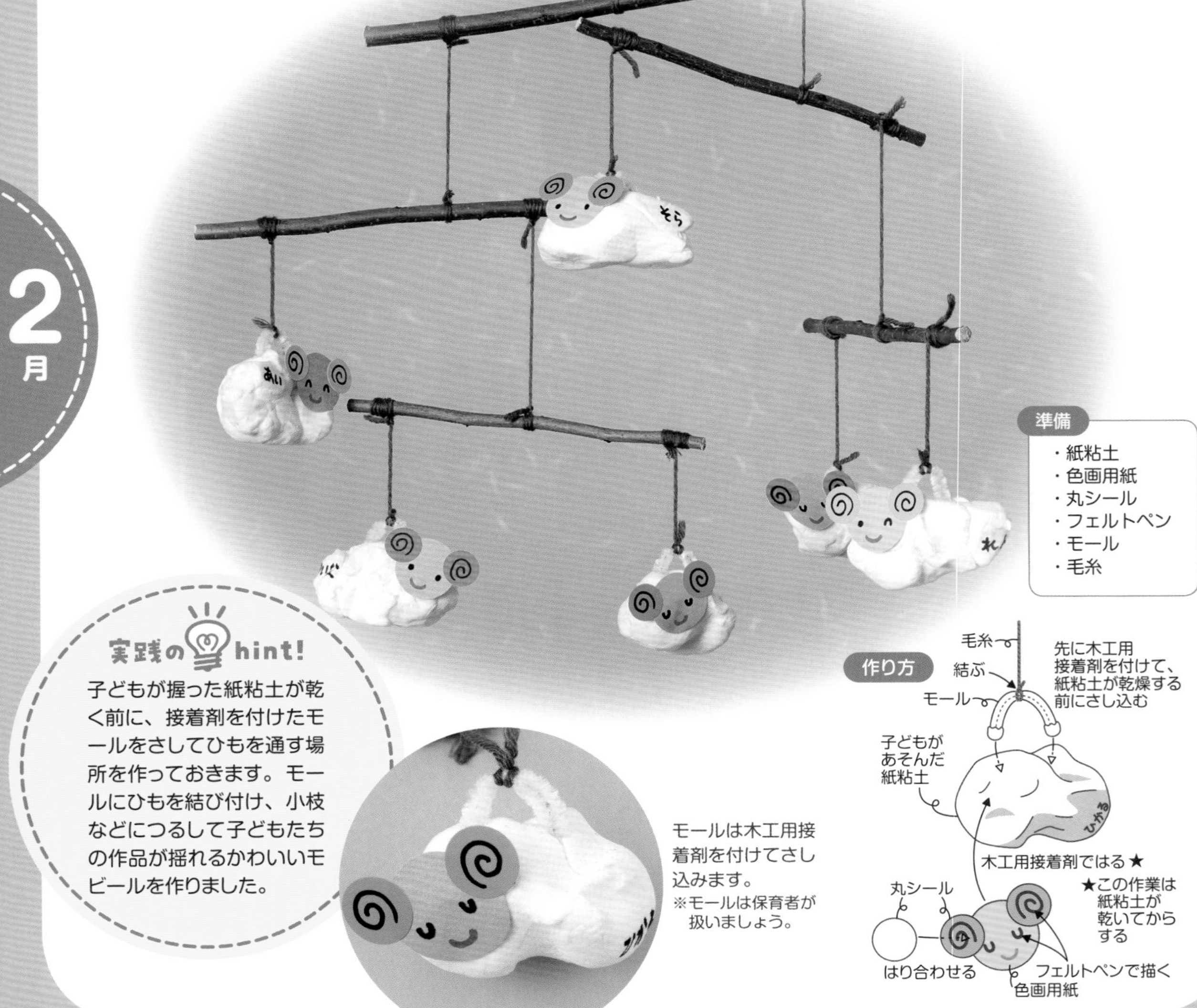

2月

準備

- 紙粘土
- 色画用紙
- 丸シール
- フェルトペン
- モール
- 毛糸

作り方

実践のhint!

子どもが握った紙粘土が乾く前に、接着剤を付けたモールをさしてひもを通す場所を作っておきます。モールにひもを結び付け、小枝などにつるして子どもたちの作品が揺れるかわいいモビールを作りました。

モールは木工用接着剤を付けてさし込みます。
※モールは保育者が扱いましょう。

片段ボールに毛糸を巻き付けて

あったかヒツジさん

片段ボールに毛糸を巻き付け、丸シールの目や口をはってあそびます。いろいろな風合いや色の毛糸を用意して、好きな物を選んだり、触り心地の違いを楽しんだりしましょう。

- 片段ボールは2つ折りにして、毛糸がきつく巻かれてもたわんだり、曲がったりしにくいように作ります。
- 巻き始めや巻き終わりの毛糸を引っ掛けるために、数か所に切り込みを入れておくといいですね。

- 片段ボール
- 毛糸
  適当な長さに切っておく
- 丸シール（大・小）
  大きな丸シールには油性フェルトペンで角を描いておく
- 色画用紙

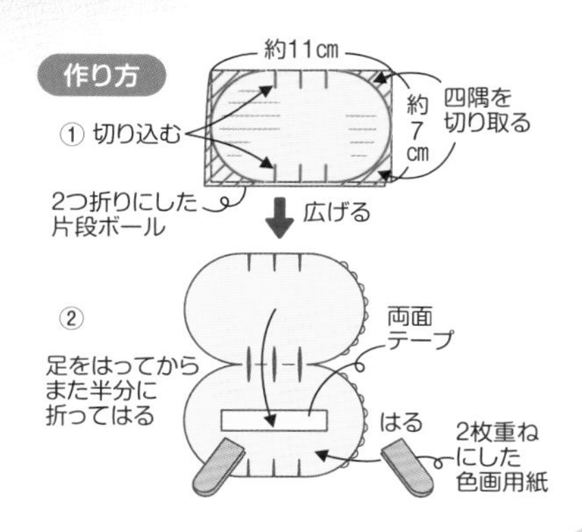

ペットボトルを振って色水を作る

振り振りおひなさま

ふたの裏に絵の具をつけ、水を入れたペットボトルを振って、色が変わるのを楽しんだり、大きい子ならビニールテープや丸シールをはったりしてあそびましょう。もっとやりたい子は、２体作ってみてもいいですね。

準備

- 小さいサイズのペットボトル
  約110～130mlのものに7分目くらいまで水を入れ、ふたの内側に絵の具をつけておく
- ビニールテープ
  缶のふたなどに伸ばしてはって、適当な大きさにカッターで切り込みを入れておく
- 丸シール
- ホログラムテープ

2月

実践のhint!

子どもがあそぶペットボトルは、ふたの内側に絵の具をつけてから、多用途接着を付けてしっかりとふたを閉め、ホログラムテープを巻きます。

ペットボトルを振り振り。
絵の具を水に溶かします。

ぬらした画用紙に絵の具をつける

にじみ模様のおひなさま

湿らせた画用紙の上に絵の具をたらして色をつけ、にじんで広がる様子を楽しみます。絵の具はペットボトルに入れて用意し、ふたに開けた穴からたらします。2歳児なら、よく乾かしたら着物に見立てて紙芯に巻き、おひなさま作りにも挑戦しましょう。

2月

ペットボトルから絵の具が落ちて、紙の上に色がついた！

準備

・水で溶いた絵の具を入れたペットボトル
約110～130mlのサイズで用意し、ふたに目打ちなどで穴を開けておく
・画用紙　・紙芯
・子どもの顔写真　・色画用紙

実践のhint!

ふたに開ける穴は、軽く振ったときに絵の具がぽたぽたと落ちるくらいに調節します。画用紙は水を含ませたスポンジで全体をぬらしてしっとりとさせ、絵の具がにじみやすいようにしておきます。

0歳児

1歳児 2歳児

紙粘土と絵の具を混ぜる

マーブル模様のおひなさま

絵の具をつけた紙粘土をぎゅっぎゅっと握ってあそびます。絵の具の色が紙粘土に混ざって、だんだん色がついていくのを楽しみましょう。紙粘土の感触を十分に楽しんだら、そのままの形で乾かして、千代紙を巻いておひなさまに見立てます。

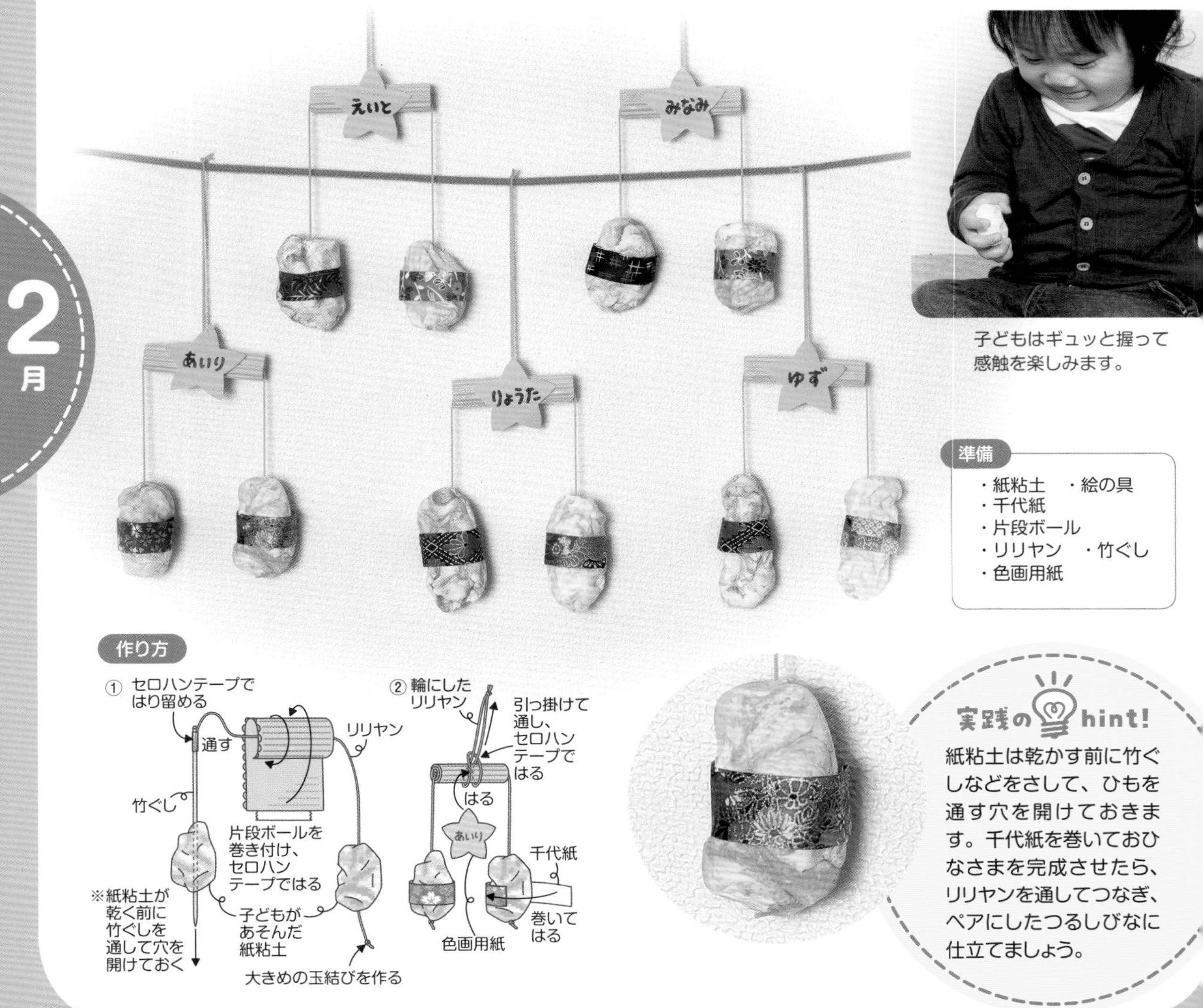

子どもはギュッと握って感触を楽しみます。

準備

- 紙粘土　・絵の具
- 千代紙
- 片段ボール
- リリヤン　・竹ぐし
- 色画用紙

作り方

実践のhint!

紙粘土は乾かす前に竹ぐしなどをさして、ひもを通す穴を開けておきます。千代紙を巻いておひなさまを完成させたら、リリヤンを通してつなぎ、ペアにしたつるしびなに仕立てましょう。

1歳児 2歳児

絵の具を塗って

小石のおひなさま

紙皿にはった小石に絵の具をつけます。絵の具が乾いたら、クレヨンで描いたり、丸シールをはったり、金びょうぶをはったりして、おひなさま飾りに。

筆にたっぷり絵の具をつけて
小石に色をつけます。

準備

- ・紙皿　・小石　・絵の具
- ・筆　・クレヨン　・丸シール
- ・カラー工作紙
- ・色画用紙
- ・ビニールテープ

実践のhint!

- ●小石は、使う前に、洗って汚れを落としておきましょう。
- ●絵の具は工作用絵の具、もしくは木工用接着剤を少し混ぜて溶いた絵の具を使うと、小石にも定着します。

作り方

色画用紙

りい

はる

子どもがあそんだ後に、折り上げる

約6cm

子どもがシールはりを楽しんだカラー工作紙

2枚重ねにした直径約16cmの紙皿

縁を挟むようにビニールテープをはる

2月

※小石を扱うことで危険のないように、
子どもたちから目を離さないようにします。

3月

わくわくの気持ちがふくらむ、花いっぱいの春を製作に取り入れて楽しみましょう。ツクシに菜の花、チューリップにサクラ、お部屋にたくさんの花が咲くといいですね。

ペットボトルに色紙を詰める

詰め紙ツクシ

色紙を小さく丸めてあそんだら、小さいサイズのペットボトルに詰めてあそびます。好きな色や柄を選んで詰めましょう。丸めた色画用紙の棒をさし込んでツクシに仕立てます。2歳児なら、色画用紙のはかまを巻き付けるのにも挑戦します。

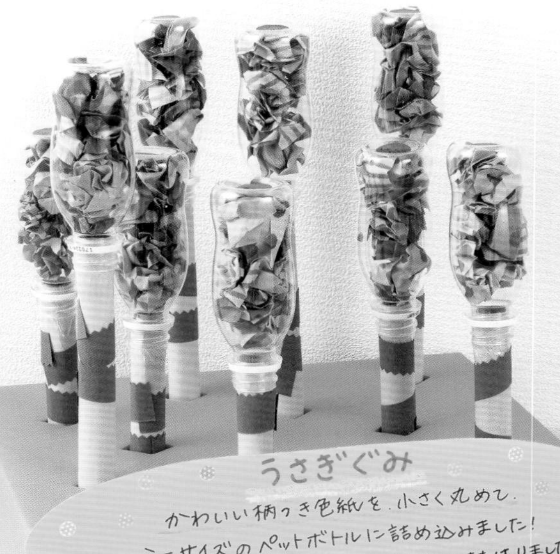

準備

- 色紙
  15cm角の色紙を1/4サイズに切っておく
- ペットボトル
  約110〜130mlの物
- 色画用紙

作り方

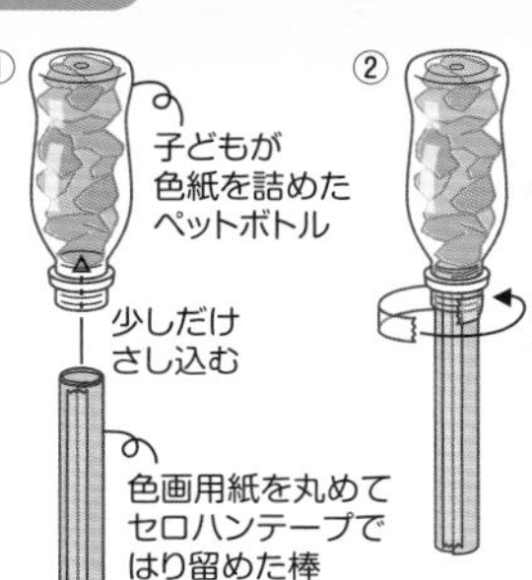

色画用紙をはった空き箱に十字に切り込みを入れ、子どもたちのツクシをさして飾りました。コンパクトに飾れて移動も簡単です。

毛糸を通して
糸通しツクシ

カラー工作紙で作ったツクシの頭に、毛糸を通してあそびましょう。毛糸の片端をセロハンテープで工作紙に留めたら、穴に毛糸を通していきます。最後もセロハンテープではり留めて、何度か繰り返しあそびましょう。子どもたちの毛糸の通し方がさまざまですてきです。

実践のhint!

セロハンテープは、あらかじめ適当な長さに切って用意します。缶のふたや、切り開いた紙パックを三角形に折った物などに端を少し出してはって用意すると、子どもたちにもはがしやすく、使いやすいでしょう。

準備

- カラー工作紙のツクシ
- 毛糸
  適当な長さに切り、片方の端にセロハンテープを巻いておく

作り方

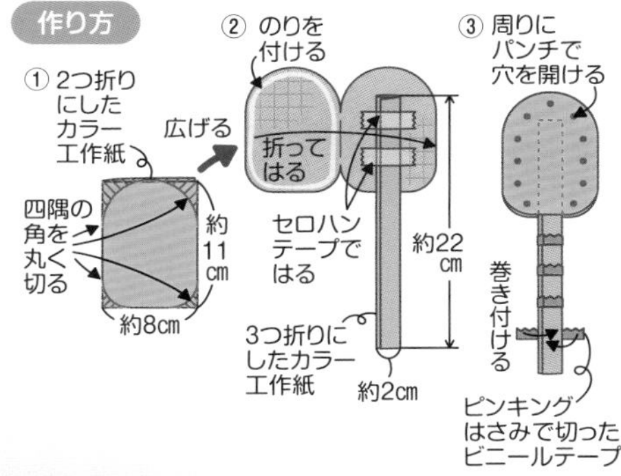

紙粘土を押して色を塗る

うきうき菜の花

絵の具をつけた紙粘土をぎゅっぎゅっとこねて練り込み、色をつけたら平たく伸ばします。4本束ねた発泡スチロールの棒で型を押して、跡をつけてあそびましょう。紙粘土が乾いたら、クレヨンで塗って描き心地も楽しんでみます。

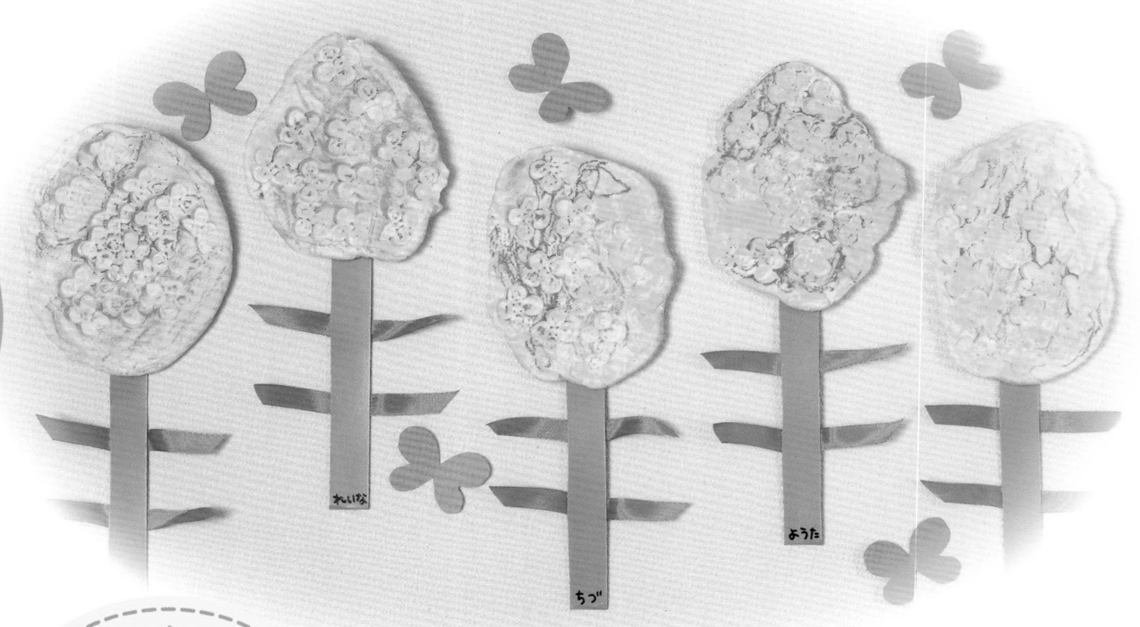

実践のhint!

発泡スチロールの棒を4本束ね、ビニールテープなどで巻き留めます。中央に綿棒を入れて束ねると、形が安定して作りやすく、丸い花びらが4枚並んだ菜の花らしい型になります。

準備

- 紙粘土
- 絵の具
- 粘土板と伸ばし棒
  ラップの芯などを使ってもよい
- 発泡スチロールの棒
- クレヨン
- カラー工作紙
- 布リボン
- 色画用紙

作り方

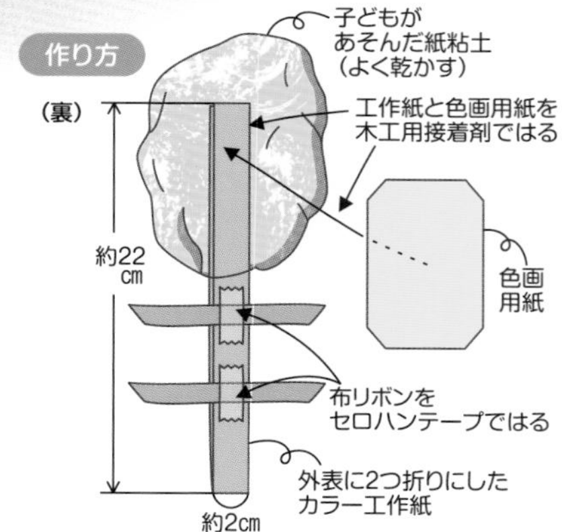

紙をはさみで切って、のりではる

チョッキン菜の花

はさみで色画用紙を１回切り。たくさん切って、のりを塗った色画用紙の菜の花にはります。花がたくさん咲いた菜の花の出来上がり。

色画用紙は、子どもが１回でパチンと切れるように、細長く切って準備します。楽しくなった子どもがたくさん切れるように、多めに用意できるといいですね。子どもが切った色画用紙を入れるための空き容器も、人数分用意しておきましょう。

準備

・色画用紙　・はさみ

はさみの先を使って、パチンと１回で切ります。はさみを使うときは、しっかり見守りを。

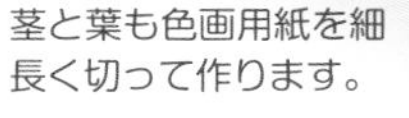

茎と葉も色画用紙を細長く切って作ります。

手形を押す

手のひらチューリップ

手に絵の具をつけて、自分で押したい所に押してみましょう。指の跡だけだったり、こすってつけたり、子どもがしたいように自由に押してあそびます。それをチューリップの形に切り、1・2歳児なら色画用紙の好きな所にはって飾ります。

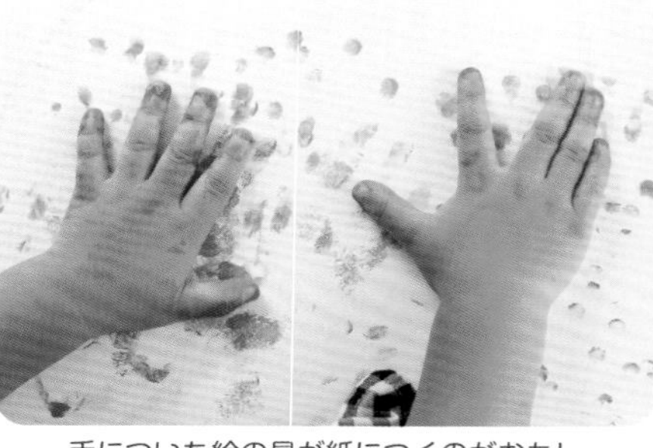

手についた絵の具が紙につくのがおもしろい。違う色でも押してみましょう。

準備

- 画用紙
- スタンプ台
  ガーゼやフェルトタイプのクッキングペーパーに絵の具を染み込ませ、トレーなどにのせて用意する。
- 色画用紙

実践のhint!

- スタンプ台は何色か用意して、重ねたときの混色も楽しめるようにするといいですね。
- 子どもが押した部分を生かして保育者がチューリップの形に切り取りましょう。

紙カップに破いた色画用紙をはる

ひらひらチューリップ

好きな色の色画用紙を選んで、ビリビリ破いてあそびましょう。破いた色画用紙は紙カップにのりではってチューリップを作ります。色画用紙を巻いて作った茎を、セロハンテープで付けてみましょう。

色画用紙を自由に破きます。

準備

- 色画用紙
- 紙カップ

実践のhint!

子どもたちが作ったチューリップは、紙パックを半分に切ってはり合わせた物を花器にして飾りましょう。中に色画用紙の帯を巻いて入れ、巻いた紙と紙の間に茎をさして飾ると倒れにくくなります。

3月

油こし紙を丸めて染める

ふんわりサクラ

油こし紙を丸めて、絵の具に浸して、染めてあそびます。乾かすと、全体にほどよくしわが残り、色和紙のような風合いが楽しめます。みんなが染めた紙を一緒にはって、満開のサクラの木を作りましょう。

不織布タイプの油こし紙を使います。円形で大きさもほどよく、絵の具がよく染み込みます。100円ショップなどでも購入することができます。

準備

- 油こし紙
- 絵の具
  水で溶いておく

油こし紙を丸めて絵の具に浸します。色が染みてきたら広げてみましょう。

紙粘土と絵の具を混ぜて紙に載せてはる

サクラ満開

白い紙粘土と絵の具をポリ袋に入れて混ぜ、色つきの紙粘土を作ることから楽しみます。完全に混ざらなくても大丈夫。大きな紙に色画用紙の枝をのりではり、色をつけた紙粘土をちぎったり、紙の上で伸ばしたりして、紙粘土のサクラを咲かせましょう。

紙に押し付けて伸ばすと、紙粘土がくっつくのがおもしろい。

準備

- 紙粘土
- 絵の具
- 透明のポリ袋
- 色画用紙
- 大きな色画用紙

紙粘土は乾くと軽くなる軽量紙粘土を使うと、あそんだ後、壁に飾りやすくなります。

「あそびと環境 0.1.2 歳」編集部
リボングラス

表紙・カバーデザイン・イラスト●長谷川由美
本文デザイン●長谷川由美　千葉匠子
製作●会田暁子　小和田奈津子　高杉尚子　リボングラス
作り方イラスト●高橋美紀
製作アイディア●会田暁子　小和田奈津子　高杉尚子　リボングラス

撮影●戸高康博（グッドモーニング）
モデル●クラージュキッズ　スペースクラフト・ジュニア
今村まこ　浦野アメリ　坂田翔之輔　三井珂凜　柳沼伶

編集制作●リボングラス（若尾さや子　篠崎頼子）
校閲●麦秋アートセンター

●次の商品はGakkenで取り扱っています。おうかがいしている小社特約代理店、
または（株）Gakken　教育ソリューション事業部 幼児教育事業部（TEL.03-6431-1165）に
お問い合わせください。

新色画用紙・大（94-71960-011 ～ 94-71960-035）
ニューカラー・大（60-73827-010 ～ 60-73827-077）
いろがみ・15 ㎝角（94-71791-011 ～ 94-71815-011）
きらきらいろがみ・20 ㎝角（94-73896-009）
友禅千代紙（60-71772-003）
カラー工作紙（60-71770-100 ～ 60-71770-115）
ダンボールセット（94-22924-024）
学研不織布（60-72032-009 ～ 60-72043-009）
新ステンドカラータック（94-77641-008 ～ 94-77651-008）
カラー布リボン・太（60-22939-011 ～ 60-22939-022）
カラー布リボン（60-22937-011 ～ 60-22937-022）
紙テープ（60-70839-010 ～ 60-70839-019）
ミラーテープ・のり付（60-22771-014、015）
スチロポールセット（94-22924-016）
フラワー紙（60-70838-010 ～ 60-70838-021）
すずらんテープ（60-71629-011 ～ 60-71629-022）
カラー絵筆・12 号（60-71194-000）・16 号（60-71195-000）
工作のり・補充用（4kg ヘラ付）（60-71109-004）
6 色カラー丸シール・直径 13 ㎜（60-22458-015）
9 色カラー丸シール・直径 9 ㎜（60-22458-016）
スーパーかるかみねんど・約 270g（60-71200-025）
学研つくピタソフト・約 90g（30-71200-101）
学研ふわふわかみねんど・約 130g（30-71200-100）
スーパークレヨンバラ（60-76220-009～60-76235-009）
えのぐセットバラ（60-76236-009～60-76247-009）
なかよしマーカーバラ（60-71124-113～60-71124-124）